SV

Band 302 der Bibliothek Suhrkamp

Siegfried Kracauer

Über die Freundschaft

Essays

Suhrkamp Verlag

Editorische Notiz und Nachwort von Karsten Witte

Fünftes und sechstes Tausend 1974

Druck: Poeschel & Schulz-Schomburgk, Eschwege. Printed in Germany.

Inhalt

Über die Freundschaft

1.

Es gibt Worte, die durch die Jahrhunderte von Mund zu Mund gehen, ohne daß ihr begrifflicher Inhalt je klar und scharf umrissen vor das innere Auge tritt. Die Erfahrungen der Generationen, unerschöpfliches Leben, unzählige Geschehnisse verbergen sich in ihnen, und wunder nimmt nur, daß die Wortgefäße, die solche Fülle zu tragen haben, immer ihre alte Geltung beibehalten, fortbestehen und sich wieder mit neuem Inhalt beladen lassen. Unser ganzes Leben ist von ihnen durchzogen, wir denken mit ihnen und nehmen sie als Einheiten hin, trotz der unbestimmten Mannigfaltigkeit, die in ihnen zittert. Was sind die Worte, die den Reichtum unserer inneren Welt fassen, anderes als schwache, hilflose, spärliche Namen für einen überquellenden Inhalt? Liebe, Treue, Mut, Feigheit, Haß, Mitleid, Stolz: tausendfaches Geschehen ballt sich in ihrer Hülle zusammen.

Nicht Schwerfälligkeit allein hindert daran, uns auch sprachlich den letzten und geheimsten Falten der Wirklichkeit anzuschmiegen. Jede Mannigfaltigkeit prägt sich zunächst als verschwommenes Ganze ein. Unsere Aufnahmefähigkeit ist begrenzt und wir verlören den Blick für dieses Ganze, wenn wir alle Eindrücke, aus denen es sich zusammensetzt, gesondert auffassen wollten. Wir verfolgen sie daher nur ein Stück weit und begnügen uns mit einem einzigen Ausdruck für die übrigbleibende verworrene Vielfältigkeit, überzeugt davon, daß überall, wo ein Wort sich Bedeutungen auf Bedeutungen angliedert, diese untereinander irgend eine, wenn auch noch so allgemeine Verwandtschaft besitzen.

Gibt man sich nicht mit einer ungefähren und mehr gefühlten als bewußten Erkenntnis dieser Begriffe zufrieden, will man vielmehr die in ihnen sprachgewordene Mannigfaltigkeit ganz ausschöpfen, so muß man sich von vornherein darüber klar sein, inwieweit dies überhaupt möglich ist. Die rein wissenschaftlichen Begriffe sind zugleich Definitionen, künstliche Bildungen, die nicht mehr enthalten, als in sie auf Grund bestimmter Methoden jeweils hineingelegt worden ist. Worte dagegen, die das Erleben vieler Geschlechter in sich begreifen, spotten der vollkommenen Zerlegung, ihr schillernder Inhalt geht niemals restlos in die bewußte Erkenntnis über. Wohl aber läßt sich eine Anschauung von ihnen gewinnen, die, möglichste Vollständigkeit vorausgesetzt, in ihrer notwendigen Einseitigkeit einen um so höheren allgemeinen Wert erlangt, je umfassender der Gedankenkreis ist, in den sie sinnvoll verwoben wird. Eine solche Anschauung, die nicht allseitig und unbedingt allgemeinverpflichtend, aber ebensowenig willkürlich und zufällig ist, nennen wir *typisch*, wenn sie von vielen Menschen mit innerer Notwendigkeit als die ihre anerkannt wird. Daß andere neben der einen Anschauung möglich sind, raubt keiner den Wert, liegt vielmehr im Wesen menschlichen Erkennens und dieses seines besonderen Gegenstandes begründet. Für die letztgültige Einsicht in die vom Leben selber erzeugten und fortgenährten Begriffe kann

eben niemals ein einziger Blickpunkt genügen; es gelten hier die Worte Goethes: »Nur sämmtliche Menschen erkennen die Natur, nur sämmtliche Menschen leben das Menschliche«. (1)
Mit diesen Gedanken sind der nachfolgenden Untersuchung über die Freundschaft von selber die natürlichen Grenzen gesetzt. Auch sie ein Begriff, an den immer wieder neues Erleben sich angesetzt hat, ungebärdige Fülle im dürftigen Gefäß eines Wortes! Auch sie nur einer notwendig einseitigen Anschauung zugänglich, die erst durch Einbeziehung in ein weiteres, zusammenhängendes Weltbild der sonst unvermeidlichen Zufälligkeit und bruchstückartigen Vereinzelung entrinnen kann.
Wir haben einen langen Weg zurückzulegen, ehe wir an das Wesen der Freundschaft selber rühren. Sie ist ja nur eine von vielen menschlichen Beziehungen und sie in ihrer Eigenheit begreifen, heißt zunächst: sie absondern von ähnlichen Verhältnissen, damit sie sich schließlich aus deren Mitte einzigartig hervorhebt.
Innerhalb jeder Gemeinschaft und Gesellschaft schlingen sich zwischen ihren einzelnen Mitgliedern Bande, die von der verschiedenen seelischen Beschaffenheit der Menschen vollständig unabhängig sind. Überindividuelle Formen des Verkehrs, bilden sie sich im Gemeinschafts- und Gesellschaftswesen allenthalben heraus, und jeder, wer es auch sei, durchlebt sie in gleicher Weise. Wir untersuchen aus ihrer Reihe die Verhältnisse der Kameradschaft, der Fachgenossenschaft und der Bekanntschaft, soweit es zum Verständnis der Freundschaft notwendig ist.

Der Geist der Kameradschaft entsteht überall, wo Menschen gemeinsam handeln. Hierbei ist für seinen Eintritt zunächst entscheidend, daß der Einigungsgrund nicht seelische Verwandtschaft und besondere innere Anziehungskraft ist, sondern irgendwelches von außen herangebrachte Ziel. Dieses Ziel wiederum darf keine tiefpersönlichen Eigenschaften von den zu seiner Erfüllung verbundenen Menschen fordern oder nur ihnen wichtige Sonderneigungen befriedigen – sind doch Betende in der Kirche ebensowenig Kameraden wie Mitglieder von wissenschaftlichen oder sonstigen geistig ausgeprägten Vereinigungen; nein, der Gemeinschaftszweck muß Leistungen allgemeinmenschlicher Art verlangen, die jeder einzelne erfüllen kann und die innerhalb seines alltäglichen Gesichtskreises liegen.

Nicht jedes solche zielvolle Zusammenhandeln erzeugt aber schon wirklich das Kameradschaftsgefühl. Dieses erwacht um so lebhafter, je *sinnfälliger* die gemeinsame Tätigkeit ist, also beim Spiel, beim Schulbesuch, beim Wandern, bei körperlicher Arbeit. Besonders stark entwickelt es sich in gewissen Verbindungen, deren Ziel von den Menschen die Überwindung drohender Gefahren fordert. Wer diesen Vereinigungen angehört, weiß von vornherein, daß er der Todgefährte des andern ist. Der dunkle Hintergrund, vor dem sich das Handeln abspielt, wirkt tief auf das Gemüt und die Phantasie ein; Soldaten pflegen sich denn auch stets Kameraden zu nennen. Eine so geartete Verbindung, die das Einzelschicksal unlöslich an das allgemeine kettet, reißt den Menschen aus seinem eigenen engen Wirkungskreis. Unter dem Druck der Allgemeingefühle und -bewegungen stehend, sieht er sein bisheriges Leben von außen an, es ballt sich ihm in größeren Linien zusammen. Und manch einer, dem sonst nie die Zunge gelöst war, enthüllt wohl dem Kameraden die Ereignisse seines Daseins, ohne daß doch dieses seltene Vertrauen bezeichnend für das gegenseitige Verhältnis wäre. Es ist eine Erleichterung des Herzens, ein Selbstbesinnen, eine kurze Atempause.

Der Sinnfälligkeit des Handelns muß sich das Gefühl der unbedingten *Gleichheit* vor dem Ziel beigesellen. Damit dieses eintritt, ist eine bestimmte Dauer der Verbindung notwendig. Ein vorübergehendes Zusammenwirken zur Erreichung eines Augenblickszieles – etwa zum Löschen einer Feuerbrunst – genügt nicht, um den Geist der Kameradschaft zu wecken, obwohl hier auch im Interesse eines allgemeinmenschlichen Zweckes gemeinsam gehandelt wird. Warum? Den Menschen fehlt die Zeit zur gegenseitigen Eingewöhnung, sie bleiben zufällig zusammengewürfelt und tragen in die plötzliche Vereinigung noch ihr besonderes Ich mit seinen Plänen und Neigungen ganz hinein. Es kommt aber gerade darauf an, daß alle Eigenwünsche entschwinden, daß sich zwischen den Menschen mit den in Hinsicht auf das Ziel erforderlichen Tätigkeiten bestimmte Verkehrsgewohnheiten entwickeln und diese selber in den Mittelpunkt des Denkens und Wollens rücken. Die Einzelseele wird entpersönlicht, umgeknetet, bis sie sich im gleichen Rhythmus mit den andern bewegt. In um so größerer Reinheit erblüht das Kameradschaftsgefühl, je fremder und weniger vertraut sich ihrem ganzen Wesen nach die Menschen sind, weil in diesem Fall besonders deutlich empfunden wird, daß ihre Verbindung nur durch das eine Ziel bewirkt wird, zu dem sie hinstreben. Kameraden sind Gleiche vor dem Ziel – aber nichts außerdem. Und die Eigentümlichkeit ihres Verhältnisses besteht darin, daß längeres Zusammenwirken sie nicht innerlich näher bringt, sondern im Gegenteil jede ihrer störenden Besonderheiten entfernt, um sie immer gleicher und eindeutiger zu machen, so wie es der sie einigende Zweck verlangt.

Auch Ehepaare empfinden oft, trotzdem sie als ausgeprägte Individuen ihr Leben teilen, diese ihre Verbindung als Kameradschaft. Es geschieht dann, wenn ihrem Blick das Besondere und Einzigartige ihres Bundes entgleitet, ihr Schicksal ihnen als typisch erscheint und aus der Mannigfaltigkeit ihrer Erinnerungen, ihres gemeinsamen Daseins ihnen allein die Erkenntnis zurückbleibt, daß sie Menschen sind, die für die Ewigkeit zusammengehören und unter den gleichen Bedingungen zu leben, zu leiden und zu kämpfen haben.

Daß eine so unpersönliche Beziehung, deren Eintritt lediglich von gewissen äußeren Umständen abhängig ist, auch das Gemüt in einer jeden Menschen verpflichtenden Weise beanspruchen muß, leuchtet unmittelbar ein. Tugenden und Fehler des »guten Kameraden« könnten fast unabhängig von der Erfahrung rein aus dem Wesen des Verhältnisses ermittelt werden. Was stärkt die Gemeinschaft? Stete Hilfsbereitschaft, Unverdrossenheit, wechselseitige Eingewöhnung. Was fördert die Erreichung des Zieles?

Opferwillc, Mut, Ausdauer im Überwinden von Schwierigkeiten. Und nun die Kehrseite! Was hindert zielvolles Zusammenwirken? Jede Art von Eigenbrödelei, Einmengung der ganzen Persönlichkeit in die Beziehung, wodurch diese überlastet wird, Trägheit, unwilliges Wesen.

Fachgenossen nennen sich Kollegen, nicht Kameraden. Wo sich derartig verschiedene Ausdrücke herausbilden, darf man sicher sein, daß sie auch zur Bezeichnung klar umrissener seelischer Wirklichkeit dienen; und es ist nur notwendig, den Schwankungen im Wortgebrauch zu folgen, um den ersten Aufschluß über die inneren Tatsachen zu erhalten, die den Begriffen zugrunde liegen. Die in gewissen Arbeiterkreisen bestehende Möglichkeit, beide Bezeichnungen: Kamerad und Kollege, gleich richtig zu verwenden, lenkt unsere Aufmerksamkeit auf das Grenzgebiet, in dem sonst deutlich unterschiedenen Verhältnisse offenbar ineinander überfließen. Es handelt sich um die Berufe, in denen bei einem Mindestmaß erworbener Fachkenntnisse am meisten zusammen gelebt und gehandelt werden muß, so daß die gemeinsame, sinnfällige Tätigkeit sich ebenso stark im Bewußtsein einprägt wie der Charakter der Berufsgenossenschaft. Wir folgern: Die Beziehung der Fachgemeinschaft erzeugt sich in ihrer Eigenart erst, wenn das Fach so viel Wissen und so viele Geschicklichkeiten fordert, daß den sich ihm Widmenden das Gefühl schwindet, als beliebige, unterschiedslose Gleiche zur Erfüllung irgend eines Zieles verbunden zu sein. Berufsgenossen sind immer schon Ausgewählte.

Darf sich darum das Allgemeinmenschliche, die unqualifizierte Alltäglichkeit nicht bestimmend und Gestalt verleihend in das Verhältnis eindrängen, so spinnen sich im übrigen doch eine Fülle von Beziehungen zwischen den Fachgenossen an. Zunächst bringt schon die reine Berufsgemeinschaft die Menschen in eine gewisse Verbindung, die einen guten Teil ihrer seelischen Kräfte einschluckt. Ist doch kein Beruf so fertig und abgeschlossen, daß er nicht immer wieder die Phantasie anspornte und neue Aufgaben aus sich heraus erzeugte! Ja, es läßt sich umkehrend sogar sagen, daß, wo ein Beruf zu gleichförmig ist, um die Seele in Spannung zu halten, ihm solange Stoff und Handlung angegliedert wird, bis er fähig ist, die Menschen einigermaßen auszufüllen. Dadurch aber, daß der einigende sachliche Mittelpunkt nicht in starrer Ruhe verharrt, sondern sich immerwährend verändert und stets irgendwelche unvorhergesehene Fälle und Schwierigkeiten zeitigt, fehlt der Berufsgenossenschaft selten das erregende Etwas, das die Menschen zusammenschweißt. Von der sogenannten »Fachsimpelei« an, die vielen stumpfen Geistern ihr Lebtag genügt, erhebt sich das Verhältnis oft zu hoher geistiger Vertraulichkeit, dank dem Reichtum fesselnder Probleme, den eine Reihe von Berufen in sich bergen. Es entstehen glückspendende Beziehungen, die leicht in Freundschaften übergehen können, die es aber nicht sind, solange sie unter Ausschluß tiefer menschlicher Anteilnahme, allein auf der sachlichen Übereinstimmung beruhen.

Die Willfährigkeit der Fachgenossen zum Zusammenschluß ist um so größer, als der gemeinsame Beruf seinen Einfluß auf weitere Bezirke der Seele, nicht nur auf einzelne ihrer abgeschlossenen Teile geltend macht. Wenn sich der Mensch irgend ein dauerndes Arbeitsfeld erwählt, so nehmen die hierin immerwährend benötigten Geistes- und Gefühlskräfte schließlich eine vorherrschende Stellung in seinem Bewußtsein ein. Alle Wertschätzungen, Gedanken und Gefühle innerhalb eines Bewußtseins befinden sich aber in gegenseitiger Abhängigkeit; sie schließen sich aus, bedingen sich oder entstehen auseinander. Die durch die Berufstätigkeit besonders ausgebildeten inneren Fähigkeiten müssen demnach ihrerseits mitbestimmend auf das übrige seelische Leben einwirken, Blickweite und Aufnahmefähigkeit in gewisser Weise begrenzen oder erweitern. Sie bringen so bei vielen demselben Fachgebiet angehörigen Menschen eine Seelenlagerung hervor, die auch auf abgelegene Dinge in gleichem Sinne antwortet. Noch die entferntesten Verästelungen zeugen schließlich von der einen Wurzel. Jeder ausgeprägte Beruf nimmt seine eigene Stellung der Gesellschaft gegenüber ein, hat, bis zu einem bestimmten Grad, seine eigenen Allgemeininteressen. Anders wäre auch die Entstehung von Berufstypen nicht erklärlich. Der Arzt, der Jurist, der Prediger, der Kaufmann, der Arbeiter, der Beamte: was alles an gleichem Können, Wissen und Wirken ihr Stoffgebiet von ihnen fordert, beschränkt sich nicht darauf, nur im Beruf wieder verausgabt zu werden, im übrigen das Innere unbehelligt lassend – nein, es durchpflügt das Gesamtbewußtsein und zieht seine Furchen in ihm. Daher kommt es, daß Jünglinge, die noch eben in engster Verbundenheit gelebt haben, oft auseinanderwachsen und sich mißverstehen, wenn sie sich verschiedenen Berufen zuwenden. Der Stoff meistert schließlich die sich ihm schenkenden Seelen.

Es wird nunmehr begreiflich, daß infolge gleicher Bewußtseinsformung die rein fachgenossenschaftliche Beziehung sich weit über den Beruf hinaus erstrecken kann. Leicht und unmerklich gleitet die sachliche Erörterung zu anderen Fragen und Dingen über, und was sich hier an fruchtbarer Übereinstimmung ergibt, ist häufig eine mittelbare Wirkung des Berufes. Wie der Schweif vom Kometenkern, so strahlt von ihm eine weite geistige Atmosphäre aus.

Auch der durch jeden Beruf erzeugte Kastengeist ist ein Bindemittel zwischen den Fachgenossen. Spricht sich in ihm ein starkes Abstandsbedürfnis aus, so auch ein erhöhtes Zusammengehörigkeitsgefühl, das nachdrücklich die Beziehungen zwischen Menschen desselben Berufes trägt und fördert.

Eine scharfe Grenze ist aber dieser Verknüpfung ebenso wie der Kameradschaft gesetzt: die persönlichen Angelegenheiten und Neigungen scheiden bei ihnen aus. Wo die Welt meiner Träume, meiner Erinnerungen, meiner Sehnsucht, meiner Liebe beginnt, da endet auch das Verhältnis zwischen mir und den Fachgenossen. Ein feines Gefühl hält genaue Wacht, damit keine Vermischung beider Reiche eintritt. Jede Überschreitung der Trennungslinie wird, bewußt oder unbewußt, zurückgewiesen. Daß andererseits die Beziehung leicht in Freundschaft übergehen kann, ist bereits erwähnt worden.

Wir wenden uns nun zu einem dritten Verhältnis, das häufig der Freundschaft zum Verwechseln ähnlich kommen mag. Es ist dies die Bekanntschaft in ihrer engeren Form; jene flüchtigen, gesprächsweisen Berührungen, die wohl auch unter demselben Namen laufen, bleiben von der Untersuchung wie billig ausgeschlossen.

Die Bekanntschaft ist ihrem Ursprung nach keine Ziel- oder Sachverbindung, hat also ihren Grund nicht außerhalb der Menschen. Dadurch unterscheidet sie sich sowohl von der Kameradschaft, die irgendwie immer das auswahllose Zusammenleben Gleichhandelnder voraussetzt, als auch von der Fachgenossenschaft, die sich zwischen sachlich Gleichstrebenden bildet. Wohl wandeln sich diese Verhältnisse häufig in Bekanntschaft um, aber sie verlieren damit zugleich ihre Eigenart.

Unmöglich, die äußeren Entstehungsanlässe der Bekanntschaft aufzuzählen! Der Zufall entscheidet hier viel. Kann aber alles und jedes zum Anlaß engerer Bekanntschaft werden, so geht daraus hervor, daß dieses Verhältnis seinen Grund in der Seele selbst haben, einem bestimmten inneren Bedürfnis entspringen muß.

Neigungen, Leidenschaften des Tages, Erfahrungen aller Art, Sympathien und Abneigungen erfüllen den Menschen. Er nährt Hoffnungen, sinnt Pläne aus, wird durch viele Dinge berückt und läßt sich von ihnen fesseln, gibt sich der Kunst, der Natur hin, nimmt Eindrücke und Gedanken auf und treibt stündlich durch eine neue Mannigfaltigkeit, bald hier, bald dort sich verfangend und ein Stückchen erraffend. So verbreitert sich sein Wesen und wird zu einem Gewebe, in das bunte und oft nur lose zusammenhängende Muster eingewirkt sind. Manche Fäden ziehen sich der ganzen Länge nach durch, einige laufen ein Ende weit und bilden ein in sich abgeschlossenes Ganze, andere brechen plötzlich ab, so daß eine unausgefüllte Lücke entsteht.

Das in jedem vorhandene Bedürfnis, sich mitzuteilen, führt nun meist Verbindungen herbei, in denen sich die Menschen ein Stück ihrer Seelenmannigfaltigkeit anvertrauen. Für das Wesen der Bekanntschaft bezeichnend ist es, wenn in diesem Stück Gemeinsamkeit die »durchlaufenden Fäden« fehlen, mag im übrigen die wechselseitige Annäherung bis zu einem hohen Grad gediehen sein.

Dies bedeutet aber folgendes. Was auch immer die Bekanntschaft veranlaßt, ob menschliches Gefallen, ob sachliche Beziehungen oder irgend eine Gelegenheitsursache: wenn einmal entschieden ist, daß das Verhältnis kein innigeres werden soll, so bildet sich an einer bestimmten Stelle eine unsichtbare Scheidewand zwischen den Menschen. Diese Grenze liegt näher am Mittelpunkt des Wesens als bei der Kameradschaft und oft auch bei der Fachgenossenschaft, sie entsteht dort, wo das eigentliche Ichbewußtsein anhebt, wo die inneren Quellen rauschen, wo Gedanken und Gefühle erwachen, die geheimnisvoll unmittelbar den Tiefen der Seele entströmen und wo in hellen Augenblicken Anfang und Ende der Persönlichkeit in ihrem Zusammenhang erschaut wird. Das Reich dieser Erlebnisse bleibt der Bekanntschaft verschlossen, sie muß sich mit Bruchstücken begnügen, hier mit einem Fetzen Alltag, dort mit einer Sonderneigung, und im ganzen mit zusammenhanglosen Teilansichten des Menschen. Ein Schamgefühl, das feiner als die feinste Waage ist, macht auch hier die geringste Grenzverletzung bemerkbar.

Es gibt Menschen, die fortwährend überströmen und sich entblößen, die es nicht in der fernen Nähe der von gleichmäßiger Wärme durchzogenen Bekanntschaft aushalten können, ohne damit reif für ein innigeres Verhältnis zu sein. Ihre Enthüllungen verletzen, weil sie weder einem wirklichen Zusammenleben entquellen, noch von einem sicheren Empfinden des notwendigen Abstandes begleitet sind. Wo dieses aber vorhanden ist, bildet es nur einen Reiz mehr der Bekanntschaft, wenn mitunter, bei seltener Gelegenheit, sich die Tore der Seele öffnen und einen vorübergehenden Einblick gewähren. Sie schließen sich wieder und eine dunkle Ahnung von dem fremden Wesen bleibt zurück, in das tiefer einzudringen, mit dem vereint zu wandern nicht verstattet ist. Man wird, entfaltet sich, durchmißt seine Bahn unabhängig voneinander. Weil darum Bekanntschaft niemals gemeinsame Entwicklung bedeutet, erregt sie die höchste Befriedigung im unmittelbar lebendigen Verkehr, in den Augenblicken des Zusammenseins. Ihr Wesen ist Gegenwart; Austausch von Gedanken und Einfällen, Besprechung wichtiger Fragen, gemeinsames Genießen, Zerstreuung, gesellige Nähe, freies Kommen und Gehen, gemütliches Plaudern, gemessene Anteilnahme in allerhand menschlichen Dingen bildet ihren Hauptinhalt. Je umgänglicher der Mensch angelegt ist, um so mehr Bekannte wird er auch haben. Das Verhältnis knüpft sich leicht an, seine Lösung ist nicht allzuschwer. Immer stellt es ein Verweilen, einen Ruhepunkt im Dasein dar. Wenn der Zufall die Menschen auseinanderbringt, ihr verschiedenes Schicksal sie trennt, so tritt Entfremdung ein, ohne daß tiefe Furchen in der Seele aufgerissen werden. Wie nahe der Bekannte auch stehen mag: so lange er nur Bekannter ist, wirkt er nicht unmittelbar am Aufbau unseres Selbstes mit, er gibt der Phantasie keine dauernde Nahrung und sein Bild lebt nicht in uns als unsichtbarer Begleiter auf unseren Wegen.

Jedes menschliche Verhältnis muß eine bestimmte Form haben oder annehmen, die eine Dauer erst ermöglicht und gewährleistet. Bei der Fachgenossenschaft und Kameradschaft ist diese Form etwas von außen gesetztes und so noch bei einer Reihe von Beziehungen, wie der des Lehrers zum Schüler, des Vorgesetzten zum Untergebenen, der Eltern zu den Kindern. Immer ist ein tragendes Skelett dem Zufall entrückter Formen vorhanden, die dem Verhältnis einen eigenartigen Charakter geben und alles Allzuflüssige, Allzubewegliche daraus verbannen. Wie verhält es sich in dieser Hinsicht mit der Bekanntschaft? Nicht durch äußere, stets gleichbleibende Umstände bedingt, muß sie die sie verfestigende Form aus sich heraus erzeugen. Und in der Tat: jede neue Bekanntschaft gewinnt schnell ihr eigenes Gepräge, ruht bald auf einer dauernden Grundlage, von der selten später abgewichen wird. Was ihren starren Kern ausmacht, ist von Fall zu Fall verschieden: gemeinsame Interessen, dieselben Erlebnisse, ähnliche Allgemeinansichten, gleiche soziale Stellung, übereinstimmende Liebhabereien und so fort. Hat sich erst die innere Form der Bekanntschaft gebildet, so rückt die gegenseitige Eröffnung nicht mehr voran, es steht auch nicht das Bedürfnis nach ihr, und die Menschen verharren in der einmal angenommenen Lage. Aller weiterer Verkehr ist ein Pendeln um den gefundenen Schwerpunkt; gegenseitige Beurteilung, Enge und Wärmegrad des Verhältnisses werden schließlich unveränderlich. Dieser Verfestigung drängt die Bekanntschaft mit einer gewissen Naturnotwendigkeit zu. Und es kann sich häufig der merkwürdige Fall ereignen, daß Menschen, die gut zueinander passen und in den Tiefen vieles gemeinsam haben, infolge mißgünstiger Umstände eine Bekanntschaft schließen, deren Kern nicht jene wirklichen Gemeinsamkeiten sind, sondern gleichgültige Oberflächendinge irgendwelcher Art. Wenn diese alsdann zur Grundlage der Beziehung werden und ihr die endgültige Form verleihen, so ist es den Menschen oft unmöglich, bis zu ihren tatsächlichen Einigungspunkten vorzudringen, und sie leben in Wahrheit in einem verfahrenen Verhältnis aneinander vorbei. Sie, die hätten Freunde sein können, werden durch das ihnen wesensferne, zufällige Traggerüst ihrer Bekanntschaft tiefer getrennt als durch den schlimmsten Zwist.

Die drei bisher untersuchten Verbindungen sind allen Menschen ohne Ausnahme zugänglich, müssen, wo die sie herbeiführenden überindividuellen Bedingungen eintreten, von jedermann durchlebt werden. Außerdem stimmen sie in folgendem überein: das eine menschliche Gemüt wird in ihnen nur bis zu einem gewissen von uns hervorgehobenen Grad an das andere gefesselt. Sicherlich, es fließt zwischen Kameraden, Fachgenossen und Bekannten viel Wärme hinüber und herüber, oft scheinen Schranken gar nicht vorhanden, so lebensvoll und anregend gestaltet sich das Verhältnis, und dann – nur ein unüberlegtes Wort, ein tieferes Besinnen, ein Zurückkehren zu sich selber, zu den eigensten Gebieten, und der Zauber schwindet, die bestehenden Bande erweisen sich als unzulänglich, innigere werden oft ersehnt. Vielen, allzuvielen Menschen zwar bieten die gedachten Beziehungen ein hinreichend weites Gefäß zur Aufnahme ihrer Mitteilungsbedürfnisse. Sie fühlen sich in dem kameradschaftlichen Verhältnis wohl, was alles sie sachlich interessiert, wird mit den Berufsgenossen und Sachkennern erörtert, und ein weiterer oder engerer Bekanntenkreis sättigt die übrigen, mehr geselligen Neigungen ihrer Natur. So leben sie, ohne jemals Mangel zu empfinden. Mehr begehrenden Menschen aber genügen diese Formen des Wesensaustausches nicht. Sie wollen ausgiebigere Gemeinsamkeit. Ihre Sehnsucht, ihre Liebesbedürftigkeit überschwillt die Grenzen der genannten Verhältnisse und rastet nicht, bis andere gefunden sind, in denen eine enge und engste Verknüpfung der Seelen möglich wird. Befriedigt wird dieser Wunsch nach umfassender Hingabe und einer Verschmelzung, die alle Fernen tilgt, durch die beiden Beziehungen der geschlechtlichen Liebe und der Freundschaft.

Will man zu dem Inhalt bestimmter Begriffe vordringen, die für eine mannigfach schillernde Wirklichkeit gelten und außerdem untereinander Verwandtschaft besitzen, so ist zunächst einmal notwendig, der Untersuchung die charakteristische Wortbedeutung zugrunde zu legen. Nur wenn man sich an einer besonders durchsichtigen Stelle Auskunft holt (an einer Stelle, die dafür wenigstens von dem Erkennenden, seiner geistigen Struktur nach, gehalten werden muß), wird man der verworrenen Einheit Meister, die unter einem Begriff zusammenwohnen mag.

Das Wort Liebe bezeichnet sehr verschiedene seelische Wirklichkeiten. Der Sprachgebrauch gestattet die breiteste Anwendung des Begriffs, auch hier, wie überall, die reiche Fülle der psychischen Vorgänge nur ungefähr umfassend. Für die nachfolgende Untersuchung scheidet diejenige Vereinigung der Liebenden aus, die sich nur mit dem Rausch der Sinne begnügt – ein Zusammensein und Verschmelzen zweier Leiber, aber nicht der Menschen ihrem vollen Umfang nach. Ist doch die gegenseitige Anteilnahme zwischen Kameraden oft tiefer als zwischen solchermaßen verbundenen Menschen! Auch die eheliche Gemeinschaft kommt für uns nicht in Betracht, da in ihr sich niemals die Liebe rein, sondern nur in unlöslichem Gemisch mit zahlreichen anderen Gefühlen und Strebungen auswirkt. Erst die durchgeistigte Sinnenliebe, die Körper und Seele gleicherweise durchströmt, tritt als einheitliche menschliche Lebensäußerung der Freundschaft zur Seite; sie wird mit ihr vergleichbar, wenn man sie nur soweit würdigt, als sie ein rein seelisches Verlangen ist.

Auch von den mancherlei Beziehungen, die das Wort Freundschaft umfaßt, muß diejenige ausgewählt werden, aus der ihr Wesen möglichst hüllenlos hervorleuchtet. Die Jünglingsfreundschaft weicht in vielem von der Männerfreundschaft ab, und beide gestalten sich wiederum anders als die Freundschaft zwischen alten und jungen Menschen und solchen verschiedenen Geschlechts. Wenn wir vorerst die Aufmerksamkeit auf das freundschaftliche Verhältnis junger, gerade erblühter Menschen lenken, so geschieht es aus der Erwägung, daß hier, wo die ganze innere Welt bereits entfaltet, aber noch nicht in den Bahnen der Gewohnheit erstarrt ist, sondern sich in Bewegung und Wallung befindet, wachsend und lebend wie der jungbelaubte Baum im Sommer – daß hier der Sinn einer Verbindung, die ein Anzeichen höchster Daseinsfülle ist, auch am kräftigsten und reinsten zutage tritt.

Im Gegensatz zu den Verhältnissen der Kameradschaft, Fachgenossenschaft und Bekanntschaft erfassen Geschlechtsliebe und Freundschaft die ganze Seele des Menschen. Die Art dieser Inanspruchnahme aber ist verschieden, und erst ihr Verständnis wird uns näher an das Wesen der Freundschaft heranführen.

Es gibt einen Liebeszustand, in dem von dem geliebten Menschen nichts gefordert wird; man begnügt sich damit ihn zu verherrlichen und stellt ihn so hoch, daß das sinnliche Verlangen sich nicht an ihn heranwagt. »Die Sterne, die begehrt man nicht, / Man freut sich ihrer Pracht.« (2) Diese wunschlose, heiligende Liebe tritt häufig bei jungen Menschen und beginnender Zuneigung ein; sie ist von Keuschheit, von Windstille der Sinne begleitet. Selten ist sie von Dauer. Zeit, Alltag, Geschlechtstrieb kommen hinzu, die Blüte welkt hin.

Sie macht dann der begehrenden Liebe Platz. Die Menschen wünschen sich eine Vereinigung herbei, die ihr ganzes Leben, wie es nun einmal ist, zusammenschmilzt. Diese Liebe ergreift den Menschen an der Wurzel seines Wesens, an einer Stelle, die jenseits des Unterschiedes von Leib und Seele liegt. Aus den Tiefen seiner unbewußten Natur quillt sie auf als die alles überflutende Begierde nach einem anderen Menschen, mit dem jeder Hauch seines Erdenwandels geteilt werden könne. Das, was die Welt des einzelnen ausmacht: seine Erinnerungen, seine Pläne, seine besonderen Ideenverbindungen, dieser ganze Inhalt seines Bewußtseins soll nicht für sich allein bestehen, sondern vereinigt werden mit der Welt eines andern, damit eine neue, nunmehr einzige Welt anhebt. Es bildet das Glück der Liebenden, daß ihnen nicht eine ihrer geheimsten Regungen verborgen bleibt und ihr Denken und Fühlen sich faltenlos vor ihrem inneren Blick ausbreitet. Die Scham setzt der Sichentäußerung kaum eine Grenze. Diese Seligkeit der Hingabe und Aufnahme inneren Lebens entspricht der Geschlechtslust, spiegelt sie im Geistigen wider. Doch ist gegenseitige Offenbarung nicht der letzte Sinn der Liebe. Wirkliche Liebe will mehr: sie will auf Grund des Allesvoneinanderwissens ein gemeinsames Fortleben, aus dem Wirkungen aller Art entsprießen, die ihren Ursprung nicht mehr in dieser und jener Einzelseele haben, sondern in einem dritten Reich, das aus den früher für sich bestehenden Seelen sich gebildet hat. Dies macht ja jedes Zusammensein für Liebende so köstlich und zu einem unvergeßlichen Erlebnis, daß es einen Baustein zu einem neuen Gebäude darstellt, das beide Menschen gleichmäßig beherbergen soll. Nicht sich verlieren und erlöschen möchte auf die Dauer eins im andern, nein, zusammenwachsen mit ihm zu einem einzigen Gebilde. Aus zweien wird eins, aber nicht im Sinn einer Verschmelzung, in der die Teile noch unverändert bewahrt sind – sie vereinigen sich vielmehr wie zwei Webmuster, die zu einem dritten neuen verknüpft werden, das sie aufnimmt und fortsetzt, ohne ihnen die mindeste Gewalt anzutun. Es ist der Wunsch der Liebenden, sich oft nahe zu sein, damit ihre Phantasie voneinander und von denselben Eindrücken erfüllt ist, ihr Bewußtsein sich diesen gegenüber gleich verhält und ihre Worte und Handlungen aus ihnen gemeinsamen und vertrauten Gründen hervorgehen. Werktag und Feiertag sollen geteilt werden; und einen eigentümlichen Reiz gewährt es Liebenden gerade, wenn sie ihre geringsten Äußerlichkeiten kennen, oder sich kleine Handreichungen leisten, denn nichts läßt sie ihre durchgängige Zusammengehörigkeit deutlicher fühlen.

Es ist keineswegs selbstverständlich, daß der körperliche Trieb mit der so gearteten seelischen Lust in völligem Einklang, als ein einziges Verlangen das Ich ergreift; in vielen Menschen sind Brüche vorhanden, geschlechtliche und seelische Liebe hängen nicht fest zusammen und finden getrennte Befriedigung. Soll ferner ein Gefühl die gesamte Innenwelt durchwirken, so muß diese auch in ihren Teilen sich im Zusammenhang befinden und von leichter Beweglichkeit sein, um dem Gefühl überall eine Angriffsmöglichkeit zu bieten – sonst gleitet es an irgend einer Stelle ab und läßt ganze Strecken unbeeinflußt. Darum ist auch die Liebe zumeist das Vorrecht der Jugend, deren Tun und Denken noch nicht in bestimmten Bahnen festgelegt und erstarrt ist und jedem mächtigen Anstoß noch willig Folge leistet. Das vorgerückte Alter läßt, ganz abgesehen von seinen schwächeren körperlichen Triebkräften, nicht mehr leicht die Liebe Gewalt über das hier und dort auseinandergesprengte und mit vielartigen Zuständen fest verknüpfte Innenleben gewinnen.

Wir haben uns damit begnügt, das die Sinnenliebe begleitende seelische Verlangen darzustellen, weil es allein vergleichbar mit dem Erleben der Freundschaft ist. Daß das Empfinden der Geschlechter vielfach und tiefgehend voneinander abweicht, ist sicher, ebenso sicher, daß die hier aufgewiesene Art ihrer inneren Zuneigung in den Zeiten höchster Liebesglut beiden gemeinsam ist und jenseits dieser Verschiedenheit liegt.

Schon der oberflächliche Blick wird ein ungleiches Verhalten zwischen Freunden und Liebenden gewahr. Diese wollen immer zusammen sein und ihr Leben teilen; ihr Gefühl vertieft sich dann und erhält mehr Nährstoff. Jene dagegen verschmähen leicht die Berührung im Alltag und zu jeder Stunde und legen auf Äußerlichkeiten, die der Liebe unendlich wichtig sind, keinen Wert. Wenn aber der Freundschaft das Verlangen nach einer Verschmelzung des Daseins fern liegt und dennoch in ihr sich die Seelen voll durchdringen möchten, demnach beide Male eine Verbindung der ganzen Menschen erstrebt wird, so muß hier und dort diese Ganzheit eine verschiedene Bedeutung haben. In der Liebe wird darunter das ablaufende Leben verstanden, so wie es ist und sich in der Zeit ausbreitet, mit seinen guten und abstoßenden Seiten und allem, was es Tag für Tag an Glück und Leiden bringt. Welchen Sinn in der Freundschaft die Umfassung des ganzen Wesens hat, soll im folgenden dargelegt werden.

Es lassen sich zwei Typen Mensch unterscheiden inbezug auf das Bewußtsein, das sie von sich selber und ihrem Leben gewinnen. Die einen handeln, denken und fühlen, ohne daß sich zwischen diesen Einzeläußerungen ihrer Existenz irgendwelche Verbindungen herausbilden. Jedes Erlebnis ist für sich abgegrenzt und wirkt nicht auf größere Bereiche der Seele ein. Hierhin gehören alle Menschen – und es sind vielleicht die meisten –, die nicht selbsteigene Kraft genug besitzen, um sich als eigentümliche Einheit in der Welt zu behaupten, sondern ein Erzeugnis der jeweiligen Umstände sind. Hunderterlei Widersprüche sind in ihnen vorhanden, die niemals empfunden werden, weil das Bedürfnis fehlt, die nebeneinanderliegenden Teile zu überschauen und zu vereinen. Einmal sind sie hart und grausam, das andere Mal wiederum weich und überfließend, je nachdem es Gewöhnung, Sitte und die Gegebenheiten des Tages verlangen. Während sie aber im Verfolg ihrer Geschäfte helldenkend und bewußt sein mögen, alles erwägend, was für das Gedeihen ihrer Angelegenheiten an einer bestimmten Stelle erforderlich ist, setzt dieses Bewußtsein gleichsam aus, wenn es gilt, die allerorten verankerten Lebensregungen selber in Beziehung zu bringen. Zwischen diesen klaffen tiefe Spalten, ist seelenlose Leere. Man kann sich die Innenwelt solcher Menschen nicht labyrinthisch genug vorstellen. Da sich in ihnen die verschiedensten Anschauungen, Urteile, Handlungsweisen wahllos treffen und diese Inhalte nicht durchgefühlt und organisch gegliedert sind, ermangeln sie jener höheren Einheit, die bewirkt, daß alles, was vom Menschen ausströmt, als notwendig zu ihm gehörig erscheint. Kein Bewußtsein über den einzelnen Wesensäußerungen, keine Verbundenheit in der Tiefe, kein Allgemeines, das Besondere heiligend und sinnvoll machend! Menschen dieser Art gelangen niemals zu einer Weltanschauung, die ihr Inneres zusammengefaßt widerspiegelt, und Gefühl und Frömmigkeit bleiben bruchstückartige Offenbarungen, anstatt die Seele ganz zu durchtränken und zu vertreten. Das engstmögliche Verhältnis zu und zwischen ihnen ist die nahe Bekanntschaft.

Die Menschen des zweiten Typus dagegen besitzen ein Bewußtsein, in dem sich alle Einzelerlebnisse und -inhalte zusammenfinden und miteinander verwoben werden. Dieses nun zu erörternde Bewußtsein darf – das sei ein für allemal vorausgeschickt – durchaus nicht als helles, verstandesmäßiges Bewußtsein von begrifflicher Klarheit aufgefaßt werden. Es bleibt vielmehr meist im Gefühl stecken, oder äußert sich als instinkthaftes Wollen und Widerstreben; selten nur erhebt es sich zum reinen Gedanken. Wir setzen es trotzdem hier als gleichmäßiges Bewußtsein voraus, um den eigentümlichen Seelenzustand innerlich einheitlicher Menschen zu erklären. Wir nehmen an, diese wirken sich so geschlossen aus, als ob in ihnen ein die ganze Seele überschauendes Bewußtsein vorhanden sei, das ihre Geschlossenheit erst erzeugt. Der Eintritt des Ich-Bewußtseins ist zunächst an die Fähigkeit und das Bedürfnis des Beisichselbstverweilens geknüpft. Es gibt ein Ich-Bewußtsein der Ohnmacht und eines der Stärke, die beide leicht miteinander verwechselt werden. Jenes bildet sich, wenn die Seele ihren eigenen Anforderungen nicht genügt oder äußere Hemmnisse irgendwelcher Art nicht zu überwinden vermag. Dann sinkt sie in sich zurück, durchwühlt und zersetzt sich selber wie ein gefangenes Tier, das gegen die Gitter seines Käfigs stößt. Verletzte Eitelkeit, erzwungene Untätigkeit und vielfältige andere Gründe tragen dazu bei, die inneren

Kräfte am natürlichen Ausfluß zu hindern und unfruchtbare Selbstbetrachtungen hervorzurufen. – Das wirkliche und adelnde Selbstbewußtsein dagegen ist nicht ein bloßer Rückschlag und das Anzeichen von Enttäuschungen, sondern verdankt seine Geburt dem mächtigen Willen der Seele, sich als ein Ganzes in der Welt zu fühlen und zu offenbaren. Während jenes Selbstverweilen der Schwäche schädlich wie ein zu lange angehaltener Atem ist, gleicht dieses dem tief geschöpften Atemzug. Es ist aber nur dort möglich, wo genügend starke Interessen vorhanden sind, die alle Regungen des Innern in ihren Dienst stellen. Erst im Gefolge bestimmter Ziele gelangt das Ich-Bewußtsein zur Entfaltung und wirkt belebend und fördernd; ohne Gegenstand, ohne festen Kern, an den es sich ankristallisieren kann, schwebt es im Leeren. Wo der erregende Drang fehlt, der den seelischen Fähigkeiten und Bedürfnissen wertbetonte Auswirkung ermöglicht, bleibt auch eine Durchempfindung des Ichs vergeblich und unfruchtbar. Jeder Trieb will Formen, die ihn aufnehmen, und so wird auch der Trieb der Seele nach Einheit und Gestaltung erst befriedigt, wenn ihn das ganze Ich fordernde Ziele ergänzen und nähren.

Es ist hier eine in der menschlichen Entwicklung selbst begründete Tatsache zu erwähnen, die immer wieder die Menschen daran hindert, sich zu sammeln und sich als Einheit empfinden zu lernen. Die verschiedenen Wissenszweige und Berufe sind nicht etwa auf die sich ihnen Widmenden so zugeschnitten, daß diese nur frei ihre Kräfte gebrauchen dürften, um die objektiven Erfordernisse zu erfüllen. Nein, sie beanspruchen ein erstarrtes Gemisch von Fähigkeiten, in das der einzelne hineinwachsen muß, damit er erfolgreich in einem solchen überindividuellen Gebiet schaffen kann. Selbst der Künstler, dessen Schöpfungen doch fast unabhängig von der Außenwelt und ihrem gesellschaftlichen Gefüge seinem Innern entquillen, wird zuletzt der Sklave seines Werkes, wenn er einmal mit dessen Ausführung begonnen hat. Das Werk ist stärker als er und nötigt ihm einen Rhythmus und eine Willensrichtung auf, die er erst langsam in sich entwickeln muß. Um wie viel mehr wohnt diese Selbsteigenheit allen Stoffkreisen inne, in denen schon viele Generationen gewirkt haben. Wer in sie eintritt, ist gewissermaßen gefangen. Er hat sich einer Entwicklung seiner Fähigkeiten und seines Wesens anzubequemen, die dieses oder jenes bestimmte Aufgabengebiet von ihm verlangt. In einem erweiterten Sinne gilt hier, was bereits von den Berufen gesagt wurde: die Macht, die solche Betätigungsweisen auf die Seele ausüben, ist übergroß, und nur wenige vermögen sich ihr zu entziehen. Daher rührt es denn, daß die meisten Menschen in einem Beruf oder in irgend einer Aufgabe festwachsen, ohne zum Bewußtsein ihres ganzen Ichs gekommen zu sein. Sie überspringen sich gleichsam selber. Wohl gibt ihnen der Beruf eine Einheit, aber diese ist nicht gleichbedeutend mit der ihres Wesens. Da ihre Kraft und ihre Phantasie durch die von ihnen übernommenen sachlichen Obliegenheiten beschlagnahmt sind, gehen sie der Entfaltung des Ich-Bewußtseins verloren, und in

ihrer Seele treiben viele Fremdkörper umher, die niemals verarbeitet worden sind.
Welches sind nun die Wirkungen dieses Ich-Bewußtseins dort, wo es voll vorhanden ist?
Zunächst bringt es die mannigfachen Inhalte der Seele in Zusammenhang. Es umspült sie, gleitet überall hin und füllt so das Spaltengewirr aus, das sich in jedem Menschen findet. Was die Seele an Wort und Handlung verläßt, wird instinkthaft gewußt und beeinflußt damit die ganze Innenwelt, anstatt, wie so häufig, zu entschwinden, ohne irgendwelche Spuren zu hinterlassen. Immer in Bewegung und auch das plötzlich Entschlüpfte nachträglich noch einholend, schlingt das Ich-Bewußtsein um alle Lebensäußerungen seine Fäden und sucht sie zu einem einzigen Gewebe zu verarbeiten.
Der so hergestellte Zusammenhang wäre aber zwecklos und unfruchtbar, wenn nicht, wie oben entwickelt worden ist, das triebmäßige Bewußtsein sich an einen kräftigen, erregenden Willen, an irgendwelche seelenüberwölbende Interessen und Ideen anschlösse, die erst die ganze innere Welt in Fluß bringen. Das träg in sich Beharrende verkommt; es lebt, wenn es sich in ihm angemessenen Bahnen vorwärts bewegt. Von diesen im Mittelpunkt befindlichen Zielen, Neigungen und festen Willensrichtungen nimmt nun das Ich-Bewußtsein die Wertmaßstäbe her, nach denen es die in Zusammenhang gebrachten Wesensinhalte gliedern kann. Wichtiges scheidet sich leicht von Unwichtigem, bestimmte Eigenschaften und Erlebnisse werden in den Kern gezogen, andere an die Oberfläche

verbannt. Es entsteht eine Ordnung, in der jede Regung und jede Tat, jedes Gefühl und jeder Gedanke seinen Platz hat.

Was ist die Folge dieser Ordnung? Die inneren Kräfte werden besser ausgenützt, als wenn sie ohne Vermittlungsstelle unabhängig voneinander sich auslebten. Über den verheerenden Stürmen der Leidenschaft, über schnellen, folgenschweren Entschlüssen thront noch das Ich-Bewußtsein als Verwalter der Seele, und von ihm, dem höchsten Gewissen, muß alles gutgeheißen werden, ehe es Handlung wird. Es verhindert, daß infolge äußerer Augenblickseinflüsse eine falsche Ordnung einreißt, Nebensächliches überwuchert, Wertvolles zurückgedrängt wird und vorübergehende Gelüste sich auf Kosten der dauernden Triebe bereichern. Geschieht es doch oft, daß ein gut veranlagter Mensch, dem die Selbstzucht des Ich-Bewußtseins fehlt, sich überhastet und, mehr den zufälligen Gelegenheiten als inneren Erwägungen folgend, sich ausgibt, um nachher, wenn es wirklich gilt, arm und verbraucht dazustehen. Oder andere leben, die sich fortwährend im Kleinen auswirken, obwohl eine Reihe bedeutender Fähigkeiten in ihnen vorhanden sind; diese Fähigkeiten aber sind sich fremd, liegen ohne wechselseitige Beziehung in den mannigfachsten Lebensäußerungen eingekapselt, und jede allein von ihnen ist zu schwach, um den Menschen zu heben. Erst der Funke eines verantwortungsvollen Selbstgefühls könnte die verzettelten Kräfte zusammenschmelzen.

Da das Ich-Bewußtsein, wo es rege ist, häufig dazu

nötigt, sich auf die Wurzelkräfte des eignen Wesens zu besinnen, lenkt es die Gedanken von jedem Besonderen und Einzelnen leicht ins Allgemeine. Das Lebensgefühl reißt sich von dem zerstreuten Alltagsdasein los, wird unabhängig von den Launen des Zufalls und zieht sich auf die erkannten Grundlagen des Ichs zurück. Diese Gewöhnung des inneren Abstandnehmens und Überschauens wird auch den mannigfaltigen Eindrücken der Außenwelt gegenüber gewahrt, und es entsteht das Bedürfnis, die Welt als Ganzes zu begreifen. Die gegliederte, zusammengefaßte Seele verlangt gebieterisch nach einem einheitlichen Bild der Dinge. Leitsätze für das Handeln werden gesucht, Allgemeinurteile über viele Verhältnisse menschlichen Lebens erzeugen sich. Phantasie und Gedanken beschäftigen sich gern mit den Untergründen des Daseins, von denen der Augenblick und alle Oberfläche abhängig sind. So läßt jedes kräftige Ich-Bewußtsein eine Reihe von Erkenntnissen erstehen, die, von einem tiefen Gefühl begleitet, das dauernde Wesen des betreffenden Menschen und sein Verhalten zur Welt widerspiegeln, ohne daß sie rein beschaulicher, philosophischer Art sein müßten.

In Wechselwirkung mit der Richtung ins Allgemeine steht bei solchen Naturen reiche, innere Fülle. Wie bei der Geige der Resonanzkasten die Töne voller und stärker erklingen läßt, so gewinnen auch alle von Menschen ausströmenden Urteile und Handlungen an Bedeutung und Tiefe, wenn eine verarbeitete und zusammenhängende Innenwelt ihnen zugrunde liegt; anderenfalls bleiben sie vereinzelt und stumpf, unfähig, Kreise in der Seele zu ziehen. Menschen im Besitz eines volltönigen Wesens vermögen auch das unbedeutendste Erlebnis zu heiligen; dieses, anstatt spröd abzugleiten, durchzittert sie oft, bis schließlich die ganze Seele mitschwingt. Mit der schweren Fracht eines umfänglichen Innern beladen, lösen sich die Handlungen vom Menschen los. Auch die Erinnerungen erstarren nicht oder fallen ab wie totes Laub, sondern werden in der Phantasie gegeneinander gehalten und abgewogen und liegen immer bereit, in die Gegenwart einzugreifen. Weil sich derart die innere Mannigfaltigkeit in ewigem Flusse befindet, wird die Seele ein stets geschmeidigeres Werkzeug, um die Welt in sich aufzunehmen. Gefühl, Vernunft, Wertvermögen, durch lange Zusammenarbeit gefügig und beweglich gemacht, helfen sich gegenseitig, jeden Eindruck von allen Seiten aufzufassen und einzugliedern. Solche Menschen gleichen dem Mondstein, in dem umsomehr Farben auftauchen, je länger man in ihn hineinsieht. Eine nicht mit Worten zu erschöpfende Tiefe wohnt ihnen inne, und jeder, der mit ihnen umgeht, spürt – oft an einem Lächeln, einem beziehungsvollen Wort – den Reichtum ihres Wesens.

Wir nennen Menschen dieses zweiten Typus Persönlichkeiten, ihr Bewußtsein das Persönlichkeitsbewußtsein. Nur sie können wahrhafte Freunde sein. Ideale Freundschaft ist, wie wir vorerst sagen wollen, das Sich-Finden zweier Menschen, ihrem ganzen im Ich-Bewußtsein zusammengefaßten Wesen nach.

Ehe wir mit der eigentlichen Beschreibung der

Freundschaft beginnen, soll rückblickend, von einer höheren Warte aus, die Liebe noch einmal zu dem Freundschaftsverhältnis in Beziehung gesetzt werden. Um überhaupt die innere Verschiedenheit beider Verbindungen aufweisen zu können, war ihre scharfe begriffliche Trennung notwendig. Es mußte gezeigt werden, daß das mit dem Geschlechtstrieb verquickte seelische Liebesverlangen auf die Verschmelzung des ganzen Lebens abzielt, während der Sinn der Freundschaft im Zusammenklang der Persönlichkeiten besteht. Nun erst, nachdem die Wurzeln bloßgelegt und gesondert sind, lassen sich beide Verhältnisse in ihrem vollen Umfang ohne Verwirrung erkennen. In Wirklichkeit überdecken sie sich nämlich zum Teil. Keine wahre Liebe, der nicht Freundschaft beigesellt wäre, und keine wahre Freundschaft, die der Liebe ermangelte!

Eine allgemeine Erörterung ist hier notwendig. Untersucht man irgendwelche inneren Fähigkeiten, so wird man stets finden, daß sie mit einer Reihe weiterer seelischer Kräfte mehr oder weniger fest zusammenhängen. Jedes Gefühl fordert andere Gefühle und Eigenschaften, die es zu seiner Entfaltung nicht entbehren kann. Das Wesen einer inneren Kraft besteht eben darin, daß sie Wirklichkeit werden will. Sie bleibt dann aber nichts punkthaft Vereinzeltes mehr, sondern setzt sich in eine Folge von Handlungen um. Nehmen wir an, ein ehrgeiziger aber feiger Mensch befinde sich in einer Lage, in der jedermann von ihm eine mutige Tat erwartet; er wird in diesem Fall, eben weil er ehrgeizig ist, den geforderten Mut bewähren. Ein schamhafter Mensch, der in eine sein sittliches Gefühl verletzende Gesellschaft geraten ist, muß unter Umständen entschlossen auftreten, um seinem Anstandssinn Geltung zu verschaffen, selbst dann, wenn er ein schüchternes Wesen besitzt. Was geschähe, wenn die verlangten Eigenschaften ihre Gefolgschaft verweigerten? Nun, das Wurzelgefühl könnte sich nicht entfalten und auswirken, es müßte nach innen zurückschlagen und entweder verkümmern oder die Seele in Zwiespalt bringen, sie gar zersetzen und verbittern. Und in der Tat ereignet sich das nur allzuoft. Verbleibt der Schamhafte in seiner ängstlichen Zurückhaltung, versagt sich ihm die Kraft zu entschlossenem Handeln, so ist seiner Scham der Ausfluß versperrt und er leidet darunter. Auch die Treue wankt wohl, wenn ihre Bewährung ein über das Durchschnittsmaß hinausgehendes sittliches Heldentum fordert.

Wir gewinnen folgendes Ergebnis: Jede sich ausbreitende innere Kraft gliedert sich eine Reihe von Hilfskräften an, ja züchtet sie oft, wenn sie ihrer bedarf, um wirkend in die Welt zu treten. Das Ausmaß der Begleitkräfte, also ihre Stärke und Dauer, hängt von der Wurzelkraft ab, diese erst gibt jenen in ihrer Folge einen Sinn. Während die erregende, im Mittelpunkt befindliche Kraft schrankenlos das Wesen durchwalten mag, erscheinen die von ihr geforderten Hilfsgefühle und -fähigkeiten nur auf ihr Stichwort und sind in ihrer Ausdehnung gebunden durch die freiwirkende Grundkraft. Sie sind gleichsam nur ein Schatten dessen, was sie sein könnten, wenn sie ihrerseits die Seele beherrschten. Es ist eine der schwierigsten Aufgaben des Psychologen, die Schichtung der inneren Kräfte zu erkennen, zu entscheiden, auf welche letzte Wurzelkraft vieldeutige Handlungen zurückzuführen sind: hier, ob Ehrgeiz oder Neid überwiegt, dort, ob Treue oder mehr Beschränktheit der eigentliche Quell zu einer Tat ist. Erst nach längerer Beobachtung, wenn man die Folge der Gefühle und ihr Maß überschauen kann, läßt sich ein Urteil über ihre gesamte Lagerung, über die Abhängigkeit der einen von den anderen fällen.

Sind gewisse Kräfte der Entfaltung einer Grundkraft nur zuweilen und bei besonderer Gelegenheit von Wert, so gehören andere ihr dauernd und notwendig zu und bilden mit ihr eine Gruppe von festem Gefüge. Aufopferungsfähigkeit z. B. ist eine unerläßliche Voraussetzung tätigen Mitleids, Schamgefühl ist unter allen Umständen an das Vorhandensein zarten sittlichen Empfindens geknüpft, Treue bedarf immer der Ausdauer und Standhaftigkeit. Eine seelische Eigenschaft keimt und entfaltet sich nur mit diesen andern. Das namengebende Gefühl beherrscht die ganze Gruppe und verleiht ihr die eigentümliche Färbung.

Es ist nun sehr wohl denkbar, daß zwei verschiedene Gemütsbedürfnisse zu ihrer Entfaltung aufeinander angewiesen sind, also Gruppen bilden, die sich im wesentlichen aus den gleichen Bestandteilen zusammensetzen. Einzig die beide Male voneinander abweichende Schichtung bewirkt dann ihre Verschiedenheit. Sie sind darin gewissen chemischen Verbindungen ähnlich, die trotz ihrer Ungleichheit aus denselben, nur jeweils anders gelagerten Elementen bestehen.

In diesem Fall befinden sich die inneren Bedürfnisse, die zur Schließung von Liebe und Freundschaft führen. Eines tritt in Begleitung des anderen auf und keines vermag sich voll zu entfalten, wenn nicht das andere befriedigt wird. Beide stützen und tragen sich gegenseitig. Wahrhaft Liebenden genügt nicht die Sinnenlust und das gemeinsam verbrachte Leben, sondern sie wollen auch in dem später zu erörternden Sinne Freunde sein. Das Liebesbedürfnis begreift schließlich von selber die Freundschaft in sich, die in einer bestimmt gearteten Berührung zweier Persönlichkeiten besteht; darum ist wirkliche, dauernde Liebe auch nur zwischen persönlichkeitsbewußten Menschen möglich. Immer aber bleibt die unmittelbare Liebe das Wurzelgefühl, aus der die Freundschaft erst genährt wird. Umgekehrt ist jeder Freundschaft Liebe als notwendiges Begleitgefühl beigesellt. Eine ursprüngliche, nicht auf die geistige Übereinstimmung zurückführbare Zuneigung, die selten des leicht sinnlichen Wohlgefallens entbehrt, die aus dem bloßen Zusammensein oft schon Erquickung zieht, verbindet wahrhaft befreundete Menschen. Wo sie fehlt, entsteht trotz aller seelischen Berührungspunkte keine Freundschaft.

Nachdem wir die Bedingungen aufgewiesen haben, unter denen Freundschaft überhaupt erst möglich ist, gilt es nun, auf das Verhältnis selber einzugehen, darzulegen, worin eigentlich das Sich-Finden zweier persönlichkeitsbewußter Menschen besteht.

Wir setzen voraus, es besitze jeder Mensch ein ziemlich unveränderliches Gemisch von Charakteranlagen, ein sich gleichbleibendes Temperament, eine immer wiederkehrende Art des Fühlens. Zu diesem Gerippe seelischer Eigentümlichkeiten gesellen sich gewisse summarische Eindrücke vom Weltmannigfaltigen, nie zu überwindende Erfahrungen, die schon von früher Kindheit an mit an seinem Wesen formen, unvergängliche Bilder, Gedanken, die sich tief in seinem Innern eingenistet haben.

Diese Grundschicht ist bei jedem Menschen verschieden. Sie liegt für gewöhnlich unterhalb des Bewußtseins. Nur sehr nachhaltige Eindrücke und erschütternde Erlebnisse dringen bis zu ihrer verhüllten Tiefe ein, rufen Umlagerungen hervor und setzen sich als neue Grundbestandteile fest.

Das ganze Dasein ruht auf dem inneren Fundament; die einzelnen Lebensäußerungen, Handeln und Denken, sind in ihrer Eigenart von ihm abhängig. Die Wurzelschicht enthält darum im Keim das Wesen des Menschen, so wie es sich nach und nach in der Zeit verwirklicht.

Es gibt Gebiete des Erkennens, in denen das Vorhandensein dieser untersten seelischen Schicht bedeutungslos ist, weil sie ihrer Natur nach zu ihrer Durchforschung nur das reine, logische Denken und mit ihm eine einseitige, eng begrenzte Phantasie beanspruchen. Dies sind die exakten Wissenschaften. Sie können von jedermann, der die allgemeinmenschlichen Anlagen mitbringt, in gleicher Weise begriffen werden, sind in ihrer Ausgestaltung unabhängig von der besonderen Beschaffenheit des Menschen. Die persönliche Auffassung hat in ihrem Bereich keinen Platz, ihre Sätze und Ergebnisse gelten schlechthin. Andere Gebiete aber verlangen zu ihrer Eroberung die ganze Seele. Den Ausgangspunkt für jede Erkenntnis innerhalb ihrer Grenzen bildet die soeben erwähnte innere irrationale Grundschicht. Da sie bei jedem ausgeprägten Menschen verschieden ist, fällt in diesen Gebieten die wissenschaftliche Allgemeingültigkeit des Erkannten fort. Nur typische Erkenntnisse sind in ihnen möglich, solche, die auf Grund jener unveränderlichen seelischen Voraussetzungen mit zwingender Notwendigkeit gedacht werden müssen. Zu den Stoffen, in denen die ganze Seele zu Recht kommt, gehört vor allem die Kunst. Um sie aufzunehmen, um in ihr zu wirken, müssen sich Erlebnis, Einfall, Gefühl und Gedanke immer wieder begegnen. Auch in der Weltanschauung offenbart sich der Typus. Mag sie durch Systematisierung und verdünnende Abstraktion einen noch so täuschenden Schein von Allgemeingültigkeit erlangt haben, letzten Endes strömt sie von den unberechenbaren Seelengründen aus, und Ahnung, Glaube, grübelnder Verstand, grundloses, unbewußtes, erst hinterher gerechtfertigtes Wollen ballen sich in ihr zusammen. Jede Weltanschauung ist somit gewiß ein Spiegel der Seele. Desgleichen drückt sich in der Geschichtsauffassung großen Stiles der Typus aus. Hier, wo es gilt, in weitem Abstand von der Wirklichkeit unwirkliche Verbindungsfäden zwischen den Geschehnissen zu ziehen, eine unendliche Mannigfaltigkeit bildhaft anzuschauen, in großen Linien zusammenzufassen, und das umfänglichste, gegensätzlichste menschliche Erleben fühlend nachzuerleben – auch hier muß die ganze Seele mitarbeiten, auch hier ist nur voraussetzungsvolles typisches Erkennen denkbar. Schließlich nimmt noch die Menschenbeurteilung, die Stellung des Ichs zur Gesellschaft, zur Politik, zu allgemeinen Fragen und Ereignissen breiten Raum in jedem Bewußtsein ein; daß sich in diesem Feld ebenfalls die angestammten Eigentümlichkeiten in Wort und Meinung ausprägen, bedarf keiner weiteren Erörterung.

Die Wurzelschicht birgt alle Entwicklungsmöglichkeiten des Menschen in sich. Diese liegen immer bereit, um verwirklicht zu werden. Jeder besitzt die keimhafte Anlage zu einer Weltanschauung, zum eigentümlichen Begreifen des Lebens, der Kunst, der Geschichte.

Je persönlichkeitsbewußter ein Mensch ist, um so mehr wird durch die ihm innewohnenden Ziele sein ganzes Wesen in Schwingung versetzt, um so mehr drängt es ihn, Denken und Handeln in Einklang mit seinen Grundanlagen zu bringen. Vom einzelnen sich loslösend, kehrt er immer wieder zu ihnen zurück und sucht von ihnen aus sich zu erweitern. Er bildet die Gesinnungen und Ideale aus, die er seinem Handeln und Wirken zugrunde legt, und strebt nach Erkenntnis in allen dem Typus zugänglichen Gebieten. Je weiter er sich ausbreitet, um so reicher wird er, um so mehr entdeckt er sich selber.

Wahrhafte Freundschaft besteht in der Pflege ähnlicher Gesinnungen und setzt gemeinsame Entwick-

lung in den Bereichen des typischen Erkennens voraus. Der Übereinstimmung in den Idealen, im typischen Welt- und Menschenbegreifen, dem steten Wachstum mit- und durcheinander entnimmt dieses Verhältnis immer von neuem seine Lebenskraft; es zerfällt, wenn das geistige Band abreißt, jene dem Grund der Seele entströmenden Gesinnungen und Erkenntnisse nicht mehr von einem Menschen zum andern fließen. Verbindungen ohne solchen erregenden Mittelpunkt siechen hin, sanft gehen sie in Gewohnheitsbeziehungen über, und was schließlich die Menschen noch zusammenhält, ist verwelkte Zuneigung, Trägheit und ein allgemeines Bedürfnis nach Wärme. Leben aber ist immer Wachstum, Stillstand Hemmung und Fäulnis.

Freundschaft hängt somit von dem Vorhandensein ähnlicher seelischer Grundschichten ab. Mögen diese aber in bedeutsamen Zügen oft übereinstimmen, so sind sie doch im einzelnen, und mit ihnen ein Teil der Neigungen und Interessen, von Mensch zu Mensch verschieden. Auch Freunde entfalten sich nach ungleichen Richtungen; Bedingung ihrer Gemeinschaft bleibt nur, daß sie in allen wesentlichen Gesinnungen und Idealen sich berühren und zusammen in der Erweiterung ihrer typischen Möglichkeiten fortschreiten. Es erhöht dann den Wert und Reiz ihres Bundes, wenn auf Grund derselben Wurzelanlagen die auseinanderliegenden Seiten ihres Innern sich ergänzen und so eine nach allen Seiten sich erstreckende fruchtbare Anteilnahme möglich ist.

Mit einer derartig umfassenden Verquickung getrennter Wesen wird zwei tiefen seelischen Grundbedürfnisssen Genüge getan. Jeden Menschen drängt es danach, das Wertvollste seines vergänglichen Daseins dem Fluß der Zeit zu entreißen, es aus sich herauszustellen und irgendwie zu verewigen. Was in ihm lebendig ist, soll nicht ein Raub der Stunde werden und in Vergessenheit sinken, sondern womöglich den flüchtigen Tag überdauern und noch bis in die fernste Zukunft wirken. Die vollkommenste Befriedigung findet dieser Trieb dort, wo das dahinflutende Leben in die festen Formen einer Schöpfung gebannt werden kann. Alles schöpferische Handeln, wirke es sich im kleinsten Gedicht oder im größten Kunstwerk aus, im Forschen, im Erfinden, in Staatsgeschäften, in gleichviel welchen Leistungen: immer ist es von einem beseligenden Gefühl begleitet, wie es nur die Verewigung inneren Erlebens erzeugt.

Je persönlichkeitsbewußter der Mensch ist, umso mehr ergreift auch der Trieb nach Verewigung sein ganzes, zur Einheit verschmelzendes Wesen. Er sehnt sich danach, die gedrängte innere Fülle ebenso geschlossen den Menschen zu übermitteln, wie sie in ihm lebt und will als Ganzes wirken und gelten.

In der Freundschaft nun wird dieses Grundverlangen erfüllt. Meine Naturanlagen, die Triebfedern meines Wollens liegen offen und enthüllt vor dem Bewußtsein meines Freundes. Während ich überall sonst genötigt bin, mich in tausenden Lebenskreisen zu zersplittern, hier ein Stückchen zu nehmen, dort ein Quentchen zu geben, darf ich ihm so gesammelt und umfänglich nahen, wie ich bin und wie ich mich fühle.

Meine Existenz ist ihm voll gegenwärtig, er kennt mein Verhältnis zu den Menschen und versteht, warum ich so und nicht anders handeln muß, denn noch zu dem widersprechendsten Tun hat er die inneren Verbindungsfäden in Händen.

Der Seligkeit des Begriffenwerdens, des Aufgehobenseins in einer fremden Seele, entspricht aber die nicht minder große Seligkeit des Besitzens. Auch ich berge ja den andern Menschen in mir. Die Zusammenhänge seines Lebens sind mir offenbar, er gehört mir zu eigen und mein Einfluß erstreckt sich bis zu den Wurzeln seines Daseins. Dieselbe Genugtuung, die es mir gewährt, ihm beichtend mein Vertrauen zu schenken, empfinde ich auch, wenn er mir sein Inneres eröffnet. Wir wollen eine Heimat haben und andern eine Heimat sein. Wie Aus- und Einatmen ergänzen sich diese Bedürfnisse.

Welche Wirkungen ruft nun die Wesensvertrautheit der Freundschaft in den Menschen hervor?

Zunächst festigt sie die eigene Art. Immer nur finden sich Menschen von ähnlicher typischer Veranlagung zusammen; indem sie sich gegenseitig aufnehmen und hingeben, verdoppeln sie sich in allem, worin sie gleich sind. Ein Ich wird durch das andere bejaht, und weil es seine Eigenheiten, seine Schwächen selbst und manches Heimliche seines Wesens in der liebevollen Hut des Freundes weiß, wandelt es den ihm vorgezeichneten Weg um so vertrauensvoller weiter. Nur der Einsame schwankt unsicher, oder reibt sich auf im Kampf um seine Selbstbehauptung. Widerhall aber stärkt das Selbstgefühl.

Freundschaft macht menschengläubig wie alle wahrhafte Liebe. Immer bleibt sie eine Zufluchtsstätte, wenn Unglück über den Menschen hereinbricht und er von allen Seiten verlassen wird. An dem Freund kann und muß er sich wieder aufrichten, über ihn weg auch stets von neuem an die Menschen glauben lernen. Solange sein Wesen an einem andern erwarmen darf, hat die letzte abstumpfende Bitterkeit keine Macht über ihn.

Freundschaft erweitert die Seele. Das gemeinsame Betreten jener Reiche, in denen sich der eigene Typus offenbart, schenkt den Menschen Schätze, die sie allein nur schwerlich hätten erlangen können. Ihr Denken und ihre Phantasie durchdringen sich schließlich derart, daß niemand mehr weiß, was ihm und was dem Freund gehört. Sind die Freunde zusammen, so fliegen im Gespräch Funken hinüber und herüber und ihre Gemeinschaft erzeugt oft entscheidende Gedanken und Taten; weilt jeder für sich allein, so wohnt doch das Bild des andern in seiner Seele, und alles, was er fühlt, denkt und unternimmt, steigt von einer verbreiterten Grundlage auf. Anregung und Ermutigung strömen vom Freunde zu. Die typischen Anlagen werden zu immer vollerer Wirklichkeit ausgebaut, Wetteifer steigert die Kräfte und so schwillt das Dasein über das Ich hinaus und jeder lebt zwei Seelen.

Freundschaft versittlicht. Da das Verhältnis nur als Gesinnungs-, als Idealgemeinschaft gedeihen kann, da in ihm die ganze Persönlichkeit zu Recht kommt und sich bis zu den Grenzen ihrer typischen Möglichkeiten weitet, wirkt es mit Notwendigkeit erhöhend auf die Träger des Bundes zurück. Zum eigenen Gewissen tritt noch des Freundes Gewissen, das jeder überall mit sich trägt und umso lebendiger in sich fühlt, je schrankenloser das wechselseitig gewährte Vertrauen ist. Die Freunde erziehen sich in Hinsicht auf das vereint erkannte Gute, das, in weihevollen Stunden gewußt oder geahnt, selbstständig und losgelöst nun immerdar vor ihrer Seele schwebt. Diesem Höhepunkte ihrer Gemeinschaft müssen sie sich würdig erweisen, wenn sie voreinander bestehen wollen.

Wie ein Gewächs, das in gutem Erdreich wurzelt, durch Wolkenbrüche, Dürre oder Fäulnis vernichtet werden kann, so unterliegt auch die Freundschaft im Verlauf ihrer Entwicklung einer Reihe teils äußerer, teils innerer Einflüsse, die häufig ihre Dauer und Fruchtbarkeit in Frage stellen, selbst wenn sie unter günstigen Vorzeichen begonnen hat.

Oft scheitert die Vereinigung zweier Seelen an gewissen Charaktereigenschaften wie Hochmut, Unverträglichkeit, Mißtrauen, auch an verschiedenen Gewohnheiten, wenn die Menschen z. B. ungleichen Lebenskreisen entstammen. Selbst geringe Äußerlichkeiten, dem einen anhaftend, vom andern als lästig empfunden, legen sich gern als eine dünne, aber schwer durchdringliche Scheidewand zwischen Menschen, die ihrer Wesensart nach wohl in enger Gemeinschaft leben könnten. Nur allzuhäufig mißlingt ja auch sonst das Zustandekommen bedeutender Ereignisse infolge spinnwebzarter Hindernisse, deren Überwindung unverhältnismäßig große Kraft und

Zähigkeit kosten würde. Die Menschen lieben es, sich an ihre Oberfläche zu verschwenden; ehe sie in kleinen Dingen willig sind, lassen sie leicht die größten zugrunde gehen. Darum stranden viele Freundschaften, die ein besseres Schicksal verdient hätten, an Bagatellen und halb eingebildeten Mißverständnissen.
Es gibt Gefühlsgruppen, die sich gegenseitig ausschließen. Neid und Eifersucht zerstören auch die innigste Gemeinschaft und sind daher nach Möglichkeit von der Freundschaft fern zu halten. An Gelegenheiten, die unweigerlich das Auftreten solcher Gefühle zur Folge haben, mangelt es aber nicht. Niedere Zweckgemeinschaft, Geldgeschäfte, Besitzstreitigkeiten, etwa Liebe zum gleichen Gegenstand, zum gleichen Menschen, erzeugen gewisse typische Stimmungen, gegen die man sich vergeblich wehrt, und beschlagnahmen dadurch mittelbar die Phantasie in einer die Freundschaft dämpfenden Weise. Sie überschatten das Reinmenschliche und lähmen die freie nur von innen her bedingte Entfaltung des Wesens, wie alle soziologisch ausgeprägten Verhältnisse es tun, denen von vornherein bestimmte Seelenlagerungen entsprechen. Auch jene höhere Form des Neides, die in einem Menschen dann entsteht, wenn ein andrer, von Natur aus mehrbegabter Mensch, der gleichen Tätigkeit obliegt wie er, übt einen störenden Einfluß auf ihre Freundschaft aus.
Mitunter trägt die Freundschaft, gerade wenn sie auf ihrem Gipfel angelangt ist, den Keim zum Zerfall in sich. Ein Zustand der Ermüdung, der beiderseitigen Unlust tritt ein; man hat sich allzusehr ausgesprochen

und bis auf den Grund geleert und erschöpft. Übersättigung ist die Folge. Die Phantasie arbeitet nicht mehr, denn es bleibt ihr nichts zu erraten übrig, das Gefühl wird stumpf, erschlafft und verkehrt sich in sein Gegenteil. Schonzeiten und gelegentliches Abstandnehmen sind daher ein unbedingtes Erfordernis für die Aufrechterhaltung der Freundschaft. »So wie die Pausen eben so gut zum musicalischen Rhythmus gehören als die Noten, eben so mag es auch in freundschaftlichen Verhältnissen nicht undienlich seyn, wenn man eine Zeitlang sich wechselseitig mitzutheilen unterläßt.« (Goethe an Achim von Arnim. Weimar, den 23. Februar 1814).(3) Je inniger der Bund, um so größerer sachlicher Gehalt muß sich in ihm zusammendrängen, damit die Anteilnahme nicht ermattet. Von einer neuen Seite her wird nun begreiflich, daß Selbstentwicklung und stete Ausbildung der typischen Möglichkeiten unentbehrliche Grundlagen des Verhältnisses sind.

Auch allzugroße Ähnlichkeit der Wesensoberfläche (also Gleichheit der Vordergrundsneigungen, der Beschäftigungen) wirkt ermüdend und trennt oft mehr als sie verbindet. Vielleicht ist der Reiz des Andersseins in den äußeren Schichten notwendig, damit die Menschen ungehindert in den Tiefen zusammenstoßen und verweilen können.

Der Verlauf einer Freundschaft kann es mit sich bringen, daß, trotz aller Übereinstimmung und Wärme des Gefühls, Befreiung von ihr für den einen der beiden Menschen zur sittlichen Notwendigkeit wird, dann nämlich, wenn die enge geistige Gemeinschaft mit dem andern zur Bedrohung der eigenen Selbständigkeit führt. Die Ausweitung der typischen Möglichkeiten zu grundsätzlichen Stellungnahmen und zum Weltbegreifen bedarf bei noch sich entwikkelnden Menschen zarter, schonender Pflege. Die Anlagen sind vorhanden, um sich am Stoff zu sättigen, und ein geheimnisvoller Instinkt weist der Seele den Weg der Erfüllung. Dies allmähliche Wachstum vollzieht sich am besten unter dem wohltätigen Schutz des Dunkels, denn alles kommt darauf an, daß die Ausdehnung des Wesens auch tatsächlich eine Verwirklichung der eingeborenen Ansätze ist und nicht ein Erzeugnis von außerhalb der Seele gelegenen Keimen. Insoweit Freundschaft auf gegenseitiger verständnisvoller Anregung beruht, fördert sie auch die Icherweiterung. Geist, Triebe, Sinne jedes einzelnen kommen in schnelleren Umlauf und berühren an mehr Punkten das Mannigfaltige. Das Verhältnis wirkt in diesem Sinn, solange es im Gleichgewicht ist, beide Menschen nehmend und gebend nebeneinander wandeln. Ist aber der eine im Gegensatz zum andern schon bis zu einem gewissen Abschluß in der Entwicklung seiner Grundanlagen gediehen, so muß er unbewußt auch die Kraft der gewonnenen Selbstsicherheit ausüben, und der Zurückgebliebene unterliegt einem Einfluß, dem er nichts Gleiches entgegenzusetzen weiß. Den noch Tastenden demütigt diese Einwirkung, vergewaltigt und hemmt ihn auf Schritt und Tritt und Ressentiment bemächtigt sich seiner. Wider seinen bewußten Willen drängen sich Handlungen, Gedanken, Werturteile des Freundes immer wieder in seine Phantasie ein und überwuchern die eigenen Ansätze. Der Instinkt wird unsicher, die Seele gerät in Abhängigkeit, Ohnmachts- und Schwächegefühle sind die Folge. Dem Freund seinerseits bleibt nichts anderes übrig, als sich seiner Natur gemäß auszuwirken. Jedweder Versuch, das Verhältnis künstlich einzurenken, würde es nur noch mehr verfälschen. Entschlossener, zeitweiliger Bruch bringt die einzige Rettung.

Wir gelangen durch diese Betrachtung zu einer ergänzenden Einsicht in das Wesen der Freundschaft. Sie ist die auf vereinter Entwicklung der typischen Möglichkeiten beruhende Gesinnungs- und Idealgemeinschaft *freier, unabhängiger* Menschen. Sich gemeinsam entfalten, ohne sich aneinander zu verlieren, sich hinzugeben, um sich erweitert zu besitzen, zur Einheit zu verschmelzen und doch getrennt für sich bestehen zu bleiben: dies ist das Geheimnis des Bundes.

2.

Unzweifelhaft besteht bei den Besten unserer Zeit die Sehnsucht nach einer erhöhten Pflege des inneren Lebens. Sie fühlen, daß in uns die Fragmente einer überkommenen Sittlichkeit ihr Wesen treiben, die der Wirklichkeit unseres Daseins nicht mehr entsprechen. Sie leiden darunter, ohne zu wissen, woher ein Ersatz für diese blutleeren, erstorbenen Überreste zu nehmen sei. Zu stolz, um sich willenlos wie ein Stück Wachs von den verschiedenen Richtungen des Tages, den bunten Anforderungen der Gegenwart prägen zu lassen, zu tief, um ein bloßes Abbild der äußeren Verworrenheit sein zu wollen, suchen sie mit aller Leidenschaft ihrer Seele nach einer neuen Sittlichkeit, die ihrem Leben Ziel und Richtung gibt. Von der unbefriedigenden Zerrissenheit weg, in die unsere ökonomischen und sozialen Verhältnisse mit ihren zahllosen Widersprüchen und ungelösten Konflikten den Einzelnen versetzen, streben sie nach einer einheitlichen Gestaltung ihres Daseins. Sie ertragen es nicht, eine Zufallsgeburt geschichtlich gewordener Zustände zu sein, und kehren den Blick nach innen, überzeugt davon, daß jede wahre Kultur vor allem auf der Ausbildung der Seele beruhen müsse. Das Leben von innen heraus zu leben, ist ihre Losung, der Ausbau der Persönlichkeit ihr Wille.

Wenn Erkenntnisse, an deren Zustandekommen alle Geistes- und Gemütskräfte des Menschen beteiligt sind, nach Auswahl und Richtung von gewissen, dem

Erkennenden eingeborenen Normen abhängen, so setzen die hier niedergelegten Gedanken eine bestimmte Grundansicht vom Wesen der Persönlichkeit voraus. Wir haben in ihnen die Freundschaft als eine der reinsten und höchsten Lebensäußerungen des persönlichkeitsbewußten Menschen aufzufassen versucht. Die Erkenntnis eines Übels bedeutet noch nicht dessen Abhilfe, die Erkenntnis eines Guten noch nicht seine Verwirklichung; aber sie zeigt doch den Weg und beflügelt den Willen. Und so ist vielleicht die Hoffnung nicht unberechtigt, daß auch ein Einblick in die Wurzeln und Wachstumsbedingungen dieses edlen Seelengewächses der Freundschaft zur Vermehrung des inneren Lebens das Seine beitragen möge.

Wir haben an anderm Orte das Wesen der Freundschaft entwickelt; es folge hier die Beschreibung einzelner ausgeprägter Phasen ihres zeitlichen Verlaufs.

Den Hauptreiz in der Freundschaft gewährt das *Gespräch*. Wenn die Menschen gehobener Stimmung, ihre Seelen geöffnet sind, so gleitet es von den flüchtisten Einfällen, den leichtesten Scherzworten mit Augenblicksschnelle zu den innerlichsten Angelegenheiten über. Tiele und Oberfläche, Alltag und Ewigkeit berühren sich unaufhörlich, und dieses gemeinsame Durchmessen weiter Räume, dieser leichtbeschwingte Tanz der Gedanken und Gefühle, verbunden mit dem Bewußtsein der Übereinstimmung in allen letzten Dingen, erzeugt in den Menschen eine mit nichts vergleichbare Seligkeit. Jedes Wort wird verstanden, man braucht nur lose einige Tasten anzuschlagen und andere Tasten klingen mit. Im Lauf

der Zeit entsteht zwischen den Freunden eine Art von Geheimsprache. Gewisse Ausdrücke lösen ganze Gedankenreihen aus oder erhalten einen besonderen Stimmungswert, so daß ihr Gebrauch eine bestimmte seelische Verfassung andeutet. Der Weg zum gegenseitigen Verständnis kürzt sich schließlich immer mehr ab.
Einen wesentlichen Anteil an dem Zusammensein hat darum auch das Schweigen. Nur eng vertraute Menschen ertragen es, ohne dadurch bedrückt, geknebelt oder gelangweilt zu werden. Dieses trächtige Schweigen der Fülle tritt mitunter nach anregenden Gesprächen über grundlegende Fragen ein; dann arbeiten die Gedanken weiter, man hält Einkehr in sich und fühlt dabei beglückend die Gegenwart des Freundes. Frei und zugleich gebunden durchlebt man gemeinsam eine kleine Spanne Zeit, als wandle man auf zwei dicht nebeneinander liegenden Wegen, die sich nach kurzer Trennung wieder vereinigen. Es gibt auch Tage und Stunden, an denen die Seele so gesättigt ist, alles Erlebte und Gedachte sich im Bewußtsein so zusammendrängt, daß Worte nicht genügen, um die lastende Wucht des gesammelten Wesens zu fassen. Fühlen die Freunde sich in solcher Stimmung, dann wäre ihnen jedes Reden eine Entweihung, und schweigend scheiden sie reicher, als sie gekommen sind. Wie in nächtlicher Stille fremde, nie gehörte Geräusche das Ohr umsausen, als träte die Nacht selber zu uns heran und entblöße sich aller ihrer Heimlichkeiten, so erkennen sich auch die Seelen und reden miteinander, wenn die Lippen geschlossen sind.
Besondere Bedeutung für die Entwicklung jeder

Freundschaft haben jene Gespräche, die von der Bekanntschaft in das engere Verhältnis selber einführen und es mit einem Ruck weiter bringen. Sind erst einmal die notwendigen Begleitgefühle vorhanden: Sehnsucht nach Wärme, eine halb unbewußte Zuneigung zu dem betreffenden Menschen, die sich zunächst noch auf gefühlsmäßige Eindrücke gründen mag, so beginnt bald die Zeit des gegenseitigen seelischen Sichbetastens. Während die Gespräche immer wieder auf die allgemeinen Gebiete einlenken, in denen der Typus sich am reinsten offenbart, gibt man sich selber zu erkennen und erfährt, ob die Wurzelgefühle und -anschauungen übereinstimmen und damit die Bedingungen für eine gedeihliche, entwicklungsfähige Gesinnungs- und Idealgemeinschaft gegeben sind. Unterhaltungen dieser Art erregen die Seele aufs tiefste, handelt es sich in ihnen doch um eine Probe auf das ganze Wesen, um ein Durchfühlen und Sichtbarmachen innerer Gründe, die sonst fast niemals ans Tageslicht treten. Sie werden entschleiert, um zu verschmelzen, dann sinken sie wieder ins Dunkel zurück. Stunden, in denen die untersten Schichten der Seele sich erschließen, bilden das glückvolle Vorspiel jeder wahrhaften Freundschaft. Es strömt in ihnen ein feiner, bezwingender Duft von den Menschen aus, wie von manchen Pflanzen, die über Nacht ihre Kelche öffnen. Man erinnere sich jener Stelle aus »Dichtung und Wahrheit«, in der Goethe sein erstes Zusammentreffen mit Fritz Jacobi erzählt: »Eine solche reine Geistesverwandtschaft war mir neu, und erregte ein leidenschaftliches Verlangen fernerer Mittheilung.

Nachts, als wir uns schon getrennt und in die Schlafzimmer zurückgezogen hatten, suchte ich ihn nochmals auf. Der Mondschein zitterte über dem breiten Rheine, und wir, am Fenster stehend, schwelgten in der Fülle des Hin- und Wieder-Gebens, das in jener herrlichen Zeit der Entfaltung so reichlich aufquillt.«(4)

Freundschaft beruht auf Übereinstimmung im Typischen. Nichts macht daher Freunde reizbarer und feinhöriger, als wenn ihre Meinungen von tiefer liegenden Wesensunterschieden zeugen. Es gibt Gespräche über ganz belanglose Dinge, die mit einer großen Erbitterung und Eindringlichkeit geführt werden, weil, wie man häufig erst viel später erkennt, Ansicht und Gegenansicht unvereinbaren Gründen der Seele entstammen. Ein Wort, ein einziges Urteil, kann blitzartig Tiefen aufhellen, die bisher im Verhältnis unwirksam waren, nun aber seine Voraussetzungen ändern oder gar seinen Bestand in Frage stellen.

Wenn auch die Freundschaft, wie jede menschliche Verbindung, letzten Endes aus dem unmittelbaren mündlichen Verkehr ihre Kraft zieht, so spielen doch nicht minder die Zeiten der *Trennung* in ihr eine bedeutsame und keineswegs negative Rolle. Das Wesen des Entfernten tritt reiner als in der drangvollen Gegenwart vor das innere Auge. Mag seine Nähe beglücken, die Erinnerung erst gestaltet sein Bild, so wie es dauernd in der Seele lebt; sie dämpft den Eindruck des Vordergrundsmäßigen im Bewußtsein ab, um das Typische herauszukehren. Bei Menschen gleicher Wesensart, deren Zusammensein sich aber nur unter Reibungen vollzieht, erhöht räumliche Ferne daher das Freundschaftsgefühl.

Das Band zwischen den Getrennten bilden die Briefe. Man teilt sich in ihnen notgedrungen geschlossener mit als im persönlichen Umgang, in der Phantasie das Wesentliche, die letzten Untergründe hüllenlos erschauend. Man schreibt sie allein und in der Einsamkeit zieht sich die Scham auf ihre innersten Grenzen zurück. So gelingt es denn häufig erst in Briefen, frei von Seele zu Seele zu reden. Es gibt Zerwürfnisse, die eher durch kurze Trennung und briefliche Wiederannäherung, als durch mündliche Aussprache behoben werden, weil man in der Ferne die störenden Nebengeräusche nicht mehr mithört.

Die getrennten Freunde entwickeln sich jeder in seiner Weise fort: Äußere und innere Veränderungen treten ein, und ein Tag nach dem andern führt neues Erleben zu, das neue Stellungnahmen nötig macht. Ganz von selber wird hierbei in der Phantasie häufig der Freund zu Rat gezogen. Man befragt sich über sein wahrscheinliches Verhalten in diesem oder jenem Fall und entscheidet darüber aus dem unmittelbaren Gefühl und dem Vorrat der Erinnerungen. So wandelt sich allmählich das Bild des Freundes mit uns. Wir erweitern es, fügen ihm neue Züge bei, je mehr wir ihn unsichtbar an unseren Erlebnissen teilnehmen lassen.

Eine längere Trennung der Freunde ist daher die beste Probe darauf, ob sie in ihren typischen Anlagen wirklich übereinstimmen. Entfloß die Gleichheit ihrer Urteile und ihres Strebens nur der unbewußten Zuneigung und dem von ihr getragenen Willen, so müssen sie sich auch fern von einander verschieden entwickeln. Im Meinungsaustausch über tiefer gelegene Fragen werden sie sich dieses Abstands bald bewußt und entfremden sich innerlich mehr und mehr. Anders, wenn die Grundlagen ihres Wesens in der Tat von ähnlicher Beschaffenheit sind! Was sie getrennt erlebt, bringt beide dann doch zu denselben Ergebnissen, ruft dieselben Wandlungen in ihnen hervor; denn jede entscheidende Stellungnahme geht ja von den dauernden inneren Möglichkeiten, den Wurzelgefühlen und -gedanken aus, die Blickrichtung, Empfänglichkeit, geistige Haltung bestimmen. Die Wiedervereinigten entdecken oft mit Überraschung, daß sie auch in der Lösung von Fragen zusammentreffen, die an jeden allein während des unterbrochenen Verkehrs herangetreten sind, über die sie sich auszusprechen nie Gelegenheit hatten. Diese unvermutete Begegnung wirkt auf sie wie ein beglückendes Wunder.

An der Art, wie von Freunden und Liebenden die Trennung empfunden wird, läßt sich wiederum der Unterschied zwischen beiden Verhältnissen erkennen. Der Freundesbund gipfelt im Sichfinden und Miteinanderwachsen der Persönlichkeiten. Darum ist Gegenwart ihm kein unbedingtes Erfordernis. Trennung wird oft schmerzlich, aber immer mit Selbstverständlichkeit ertragen. Die Liebesbeziehung dagegen findet ihre höchste Erfüllung im unmittelbaren Zusammenleben der Menschen. Gehen Liebende auseinander, so können sich die ihrer Verbindung eigentümlichen Gefühle und Lebensbedürfnisse nicht auswirken, und das leidende Gemüt kennt nur den einen Wunsch nach Vereinigung.

Wenn Freunde sich nach langer Abwesenheit *wiedersehen*, vollzieht sich ihre neue Annäherung nur allmählich. Sie haben es leichter und schwerer als fremde Menschen, gleich zum Wesentlichen vorzudringen; leichter, denn sie sind sich bereits zugeneigt und blikken auf gemeinsam verlebte Zeiten des Vertrauens zurück; schwerer, denn sie tragen ein Bild von einander in sich, von dem ungewiß ist, ob es noch der Wirklichkeit entspricht. Während man in der Phantasie sich hemmungslos der abwesenden Menschen bemächtigt, gilt es nun, über alle Vordergründe des unmittelbaren Verkehrs hinweg, sich diese Vertrautheit wiederzuerobern. Man ist zunächst dem Bilde des Freundes näher, als dem Freunde selbst. Dieser Zustand des sich gleichzeitig Ferne- und Naheseins erzeugt Befangenheit. Ungeahnte Hindernisse setzen sich oft der schnellen Annäherung in Gestalt neuer Lebensumstände, fremder Gewohnheiten entgegen; sie verlängern den Weg zur gewünschten inneren Vereinigung. Eine kurze Zeit des Abwartens, der Fühlungnahme, der vorläufigen Gespräche geht daher den eigentlichen Eröffnungen meist voran.

Die Freundschaft als das engste geistige Verhältnis faßt die loseren Beziehungen der Kameradschaft, Fachgenossenschaft, Bekanntschaft in sich. Ein Zurücksinken in die beiden ersten Formen des Verkehrs ist leicht möglich, wenn die soziologischen Vorbedingungen hierfür bestehen, also die Freunde zu kameradschaftlicher Tätigkeit verbunden sind oder dem gleichen Beruf angehören. In solchem Falle ist der Freund nicht mehr Freund, sondern Kamerad oder Fachgenosse. Die ausgeprägten Beziehungen, in die äußere, im Gesellschaftswesen begründete Umstände die Menschen zu bringen vermögen, wirken derart bestimmend auf das Gemüt ein, daß sie während ihrer Herrschaft die eigentliche Freundschaftsgemeinsamkeit ausschließen und lediglich ein Verhalten innerhalb der von ihnen dem seelischen Leben unsichtbar vorgezeichneten Bahnen dulden.

Während die reine Freundschaft nur unter gewissen Voraussetzungen von den genannten Verhältnissen verdrängt wird, bildet die *Bekanntschaft* eine stete und notwendige Phase ihres Verlaufs. Den Zeiten des gemeinsamen Wachstums, der Erweiterung der typischen Anlagen folgen immer wieder Zeiten der Entspannung, denn niemals können die Seelen lange auf ihren Höhepunkten verweilen. Man begnügt sich dann mit einer mehr oberflächlichen Berührung, verharrt in gegenseitigem Abstand und behandelt sich nicht anders wie Menschen seines weiteren Kreises. Im Alltag, der für die Menschen ein verschiedenes Antlitz trägt, auf allen den Wegen, die jeder allein zu wandeln hat, erscheint der Freund oft nur als einer unter vielen. Das besondere Verhältnis zu ihm verwischt sich, man sieht ihn notwendig von außen an und tritt ihm auch innerlich verschlossen entgegen. Andere Wertmaßstäbe bemächtigen sich des Bewußtseins, andere Menschen, zu denen doch die ausschlaggebende persönliche Beziehung fehlt, rücken näher und fesseln das Interesse. Jede wahrhafte Freundschaft ist elastisch und gestattet in weitgehendem Maß diese naturbegründeten Entfremdungen.* Sie sind für das Verhältnis ebenso charakteristisch, wie für die Bekanntschaft das gelegentliche Eröffnen des Seeleninnern.

Wenn es infolge des Eintritts einer ernsteren Störung des Verhältnisses und des Erkaltens der gegenseitigen Zuneigung nicht zum offenen Bruch kommt, so *löst* sich die Freundschaft häufig allmählich *auf*, ein Vorgang, der den Beteiligten lange unbewußt bleiben mag. Aus einer jener typischen, stets wiederkehrenden Entfremdungen findet man nicht mehr zurück, ohne dem anfänglich große Bedeutung beizumessen, oder sich dem Freunde gegenüber grundsätzlich anders einzustellen. Es hat für die Menschen selber den Anschein, als glimme die alte Wärme noch im Verborgenen weiter, nur wollen sich die gelösten Stunden nicht mehr einfinden, in denen sie aufloht. Auch das seelische Leben ist einem Gesetz der Trägheit unterworfen. Fallen die Voraussetzungen für das Bestehen eines Verhältnisses fort, d. h. verweigert ein Teil der in dem Verhältnis sich auswirkenden seelischen Kräfte die Gefolgschaft, so dauert es immer noch eine Zeit, bis der Bund endgültig gesprengt wird. Die ihn tragenden Grundlagen sind eben nur schwer erschütterlich. Sie bilden mit den von ihnen ausstrahlenden ein-

* In einem Briefe Goethes an Achim von Arnim (Weimar den 23. Febr. 1814) heißt es: »Strebende Menschen, von welchem Alter sie auch seyen, können nicht immer parallel neben einander gehen; will man sich nun gar beständig bey der Hand halten, so entsteht daraus ein hin und wieder zerren, beyden Theilen unbequem und retardierend wo nicht schädlich.«(5)

zelnen Lebensäußerungen ein fest gefügtes Ganzes von zäher Lebenskraft, das nicht ohne weiteres zerfällt, wenn an irgend einer Stelle eine Bresche gelegt wird. Die aufdämmernde Erkenntnis vom Ende des Bundes macht beide Freunde befangen und verschließt ihnen den Mund. Während sie noch zusammenweilen, fühlen sie sich in Wahrheit schon getrennt. Ihr Zustand gleicht dem eines Menschen, der alle Koffer bereits zur Abreise gepackt hat, und noch lange Zeit in der leeren, entblößten Wohnung verharren muß. Die Hemmungsgefühle werden vermehrt durch die Ungewißheit des Einen über den inneren Zustand des Andern. Man zögert, um nicht zu verletzen, versucht das Verhältnis fortzusetzen, irgendwo im Innern noch eine geheime Hoffnung hegend, und täuscht sich mit oft krampfhaftem Bemühen, so daß selbst eine scheinbare Wiederannäherung gelingen kann. Diese Zeit der qualvollen, tastenden Loslösung endet erst, wenn sich in beiden Menschen die gleich klare Überzeugung von der Unabänderlichkeit ihrer Trennung durchgesetzt hat.

Wir haben unsere Idee von der Freundschaft dadurch gewonnen, daß wir von ihrer innigsten Form, dem Verhältnis zweier in voller Jugendblüte stehender, an keinem Punkt ihrer Seele erstarrter Menschen unseren Ausgang nahmen. Wir haben ferner einige typische Zustände des Verlaufs dieser wahrhaften Freundschaft beschrieben. Die folgende Aufgabe besteht darin, von der Idee zur vollen Wirklichkeit zurückzukehren und die in der Erfahrung gegebenen Weisen der Freundschaft darzustellen, mag nun aus ihnen die Idee selber mehr oder weniger unmittelbar hervorleuchten.

Weitaus die meisten aller überhaupt in Betracht kommenden Menschen besitzen mehr als einen Freund. Von vornherein ist begreiflich, daß sie nicht zu jedem von ihnen in demselben innigen Verhältnis stehen können. Setzt man voraus, daß eine dieser Freundschaften das Ideal erreicht, so fragt sich doch weiter, wie die andern beschaffen sind, und in welchem Umfang sich der Sinn des Bundes in ihnen verwirklicht. Wir kommen zur Erörterung von Beziehungen, die sich in der Mitte zwischen Bekanntschaft und wahrer Freundschaft befinden und sich daher als *mittlere Freundschaften* ansprechen lassen.

Das allgemeine Verlangen des Menschen nach Mitteilung, nach Berührung und Gemeinsamkeit mit anderen Menschen bemächtigt sich auch der einzelnen Seiten seines Wesens. Temperament und Charakter, Denken und Fühlen fahnden gesondert nach Übereinstimmung und Aufnahme in fremden Seelen. Je innerlich reicher ein Mensch ist, umso mehr Beziehungsmöglichkeiten besitzt er.

Treffen Menschen zusammen, so offenbaren sie sich selbst im flüchtigsten Gespräch einzelne Züge ihres Wesens. Sie urteilen, nehmen Stellung, geben Empfindungen kund; dadurch gewähren sie sich, bewußt oder unbewußt, Einblick in ihre seelische Verfassung.

Wenn ihr Verhältnis nicht soziologisch schon in bestimmter Weise ausgeprägt ist, also ihr Verkehr sich nicht von vornherein nur in starren, von außen herangebrachten Bahnen bewegen darf und sie ferner eine irgendwie geartete Teilnahme für einander hegen, so ist die Möglichkeit zur Entstehung einer Bekanntschaft oder Freundschaft gegeben. Im ersten Falle treten die Menschen in dem einen oder anderen Punkte in Beziehung, ohne gegenseitig mehr von sich zu fordern oder zu empfangen; ihr Verhältnis spielt sich in den zu Beginn der Schrift näher erörterten Formen ab. Im zweiten Falle beruht ihre Anteilnahme auf innerer Übereinstimmung. Ihre Verbindung wird zur wahrhaften Gesinnungs- und Idealgemeinschaft, wenn sie sich in allen Tiefen ihres Wesens begegnen, sie bleibt als mittlere Freundschaft in eigentümlicher Weise beschränkt, wenn nur einzelne Seiten der Seelen sich erschließen können.

Welcher Art ist in dem zu prüfenden zweiten Falle die begrenzte Gemeinsamkeit? Sie muß sich, gefühlsmäßige Zuneigung vorausgesetzt, zum wenigsten auf eine der den Typus bildenden Wurzelkräfte erstrekken, weil nur dann überhaupt Wesensberührung möglich ist; ferner darf die Verschiedenheit der anderen inneren Anlagen nicht so groß sein, daß sie jede Annäherung schon im Keime erstickt. Sind diese Bedingungen einmal erfüllt, so mag im übrigen das Verhältnis auf ähnlichem Temperament, einigen gleichen Neigungen, derselben Empfindungsweise, auf irgend einer gemeinsamen Gesinnung oder einem gleichgerichteten Willen beruhen. Die Punkte unmittelbarer Berührung können mannigfachster Art sein und sind zum Teil auch dem Vordergrundsleben der beiden Menschen entnommen.

Soweit ein Mensch den andern mit Hilfe der ihm eigenen Kategorien zu erkennen vermag, tragen ideale Freunde ein der Wirklichkeit allseitig entsprechendes Bild von sich in ihrem Innern. Entwickeln sie sich, wachsen sie doch mit- und durcheinander! Bis zu welchem Grad können sich Menschen umfassen, deren freundschaftliche Beziehung nur auf die Übereinstimmung einzelner Seiten ihrer Seelen gegründet ist? Ein Wanderer, dessen Weg an einem Gebirge vorbeiführt, muß sich mit dem Eindruck begnügen, den die Bergwelt ihm von seinem Wege aus bietet. Das Gewirr der Täler und Höhen zieht sich ihm zu einer bestimmten Silhouette zusammen, deren charakteristische Linien er sich einprägt. Die Form der Silhouette hängt von seinem Standpunkt ab; von anderen Stellen aus erscheint dieselbe Wirklichkeit in anderem Umriß. Der Wanderer lernt zwar bei längerem Verweilen vor- und rückliegende Höhen unterscheiden, die Berge treten gleichsam aus ihrer Fläche heraus, und er gewinnt ein Urteil über ihre tatsächliche Lagerung; als maßgebender Eindruck bleibt aber immer in seinem Geist die Linie zurück, mit der sie sich gerade für ihn vom Horizont abheben. – So ergeht es auch Menschen, die an der einen oder der andern Stelle ihres Wesens zusammentreffen und nun ein Bild von sich zu bekommen trachten. Das ihnen nahe Liegende erkennen sie klar und deutlich, dagegen die in dem Verhältnis nicht unmittelbar zur Geltung gelangenden Teile bleiben für sie entweder verdeckt, oder werden verkürzt, überschnitten gesehen. Die gegenseitige Einstellung erfolgt auf Grund der eigentlichen Berührungspunkte. Der Eindruck, den diese hinter-

lassen, bestimmt das Verhalten der Menschen, ihr Urteil über einander, gibt die Silhouette ab, in die für ihren inneren Blick ihr ganzes Wesen sich einfügt. Was ihnen abgewandt ist, stilisieren sie unter dem Einfluß der zugekehrten Teile zurecht, das Nichtsichtbare aus eigenem Gutdünken ergänzend, so daß sie ein Gesamtbild des befreundeten Menschen erhalten, das von notwendiger Einseitigkeit ist.
Schon der Gesichtsausdruck gibt einigen Aufschluß über den Menschen. Und so belehrt denn bald ein unendlich feines Gefühl darüber, wie weit und in welcher Art ein Andrer das eigne Wesen aufnehmen kann. Ein Blick, ein Lächeln, die geringsten Andeutungen genügen hierfür. Im Verkehr zweier Menschen regelt sich ihr Verhalten bald von selber, ohne daß ihr gegenseitiges Erleben bewußte Erkenntnis werden muß. Stehen sie in mittlerer Freundschaftsbeziehung, so schichtet sich demzufolge, wenn sie zusammen sind oder an sich denken, ihr Wesen derart um, daß das Beiden Gemeinschaftliche in den Mittelpunkt rückt, das übrige Ich dagegen an die Peripherie abgeschoben wird. Ihre Seelen lagern sich entsprechend dem Bilde um, das sie von einander haben. Ja, sie selber erblicken sich dann von demselben Standpunkt aus, von dem der Freund sie erblickt, in der gleichen Silhouette mit allen ihren Verkürzungen und Überschneidungen. Die gegenseitige Berührung bindet auch die nach innen zurückgewandte Phantasie. Nur in der idealen Freundschaft können die Menschen das Reich ihrer Seelen nach allen Seiten frei durchmessen.

Eine gemeinsame Entwicklung der Freunde ist überall dort möglich, wo sie unmittelbar zusammentreffen. Die Seiten ihrer Wesensmannigfaltigkeit, die den eregenden Mittelpunkt ihres Verhältnisses bilden, werden von den beiden Menschen besonders gepflegt; sie nehmen von ihnen ihren Ausgang zum Allgemeinen und kehren wieder zu ihnen zurück, immer neuen Stoff auf dem Grund der vorhandenen Gemeinsamkeit anhäufend. So wächst ihrer Beziehung reicherer Inhalt zu, stets aber in den Grenzen der Gebiete, die ihnen beiden wirklich angehören.

Es folgt daraus, daß ihr Einfluß auf einander beschränkt ist. Ein guter Teil ihres Wesens, ganze Strecken ihres Lebens liegen außerhalb des Verhältnisses. Wandlungen, die ideale Freunde wohl zu entfremden vermögen, brauchen der mittleren Freundschaft keinen Einhalt zu tun. Umgekehrt löst sich aus dieser Beziehung das Gemüt leichter, wenn die geistige Verbindung abreißt. Niemals nimmt ein solches Verhältnis das Dasein der in ihm Vereinigten voll in Beschlag.

Die Zahl der Freunde eines Menschen richtet sich mit nach dem Umfang seines Wesens. Jedem bringt er sich anders dar, jeder nimmt ihn anders auf, und immer ist er so, wie er widergespiegelt wird. Aber zugleich ist er mehr, denn sich selber ist er ja von allen Standpunkten aus zugänglich. Wir verstehen nun auch, warum mittlere Freunde desselben Menschen oft verschiedenartig und ohne Beziehungsmöglichkeiten sein können. Der Eine setzt diese, der Andre jene Seite seines Wesens in das Verhältnis ein. Sie gleichen

Kreisen, die, wenn sie auch alle einen einzigen Kreis berühren, darum von vornherein sich noch nicht untereinander berühren müssen. Nur der sie um sich scharende Mensch kann zwischen ihnen vermitteln, aber auch ihm gelingt es mitunter nicht, den Kontakt herzustellen. Seine Seele hält die Bilder aller Freunde in Hut; umgekehrt liegt sein eigenes Wesen wiederum in den Freunden vergraben, wie irgend ein Name in den Worten eines Akrostichons.

Während so der mittleren Freundchaften leicht mehrere sein können, bleibt die ideale Freundschaft aus äußeren und inneren Gründen meist auf eine einzige beschränkt, wenn auch in verschiedenen Lebensperioden eine die andere ablösen mag. Zunächst begegnen sich überhaupt selten Menschen von durchweg ähnlich gerichteten typischen Anlagen. Ereignet sich aber dieser Glücksfall und entsteht eine wirkliche Freundschaft, dann leben sich die Freunde mit ihrem ganzen Gemüt so ineinander ein, daß für ein zweites gleich inniges Verhältnis kaum genügend innere Kräfte frei sind. Eine solche Beziehung beschlagnahmt die Seele, weil sie ihre tiefsten Bedürfnisse befriedigt. Wahrhafte Freunde wachen so gut wie Liebende eifersüchtig darüber, daß nicht fremde Menschen sich in ihren Bund eindrängen und ihn zerstören.

Die mittlere Freundschaft ist keine Vorstufe zur idealen. Wenn sie nach mehrfachen Schwankungen ihren Sättigungsgrad erreicht hat, so beruht sie in sich selbst, ohne über sich hinauszuweisen und das Verlangen nach engerer, umfassenderer Gemeinschaft zu erregen.

Zu den Verhältnissen, die von Natur aus häufig mittlere Freundschaften sind, gehört die *Mannesfreundschaft.* Die innige Beziehung junger Menschen macht bei ihrem Übergang in sie allgemein gültige, vom Einzelbelieben unabhängige Wandlungen durch.

Zunächst ist der gereifte Mensch über seinen Typus im reinen, daher denn auch jenes Miteinanderwachsen, jene tastenden, den Bodensatz der Seele aufschürfenden Gespräche des Entwicklungsalters, die eine gemeinsame Entfaltung der Grundlagen bezwecken, nicht mehr dieselbe Rolle spielen, wie früher. Man weiß vieles, was man einst zusammen suchte, hat es ein für allemal erledigt. Eine gewisse Herbe und Verhaltenheit ist die Folge; selten nur eröffnet man sich die Tiefen der Seele. Die feste Stellung im Leben, die vielseitig verankerten Interessen, die Gründung einer Familie bringen es mit sich, daß, wenn man auch seelisch nicht auseinander zu wachsen braucht, die Gemeinsamkeit sich doch nicht mehr auf den Umfang des ganzen Wesens erstreckt. Immer dichter zieht sich ein eigener Dunstkreis um den Mann zusammen. Pläne und Träume, deren Erörterung einen guten Teil der Jugendfreundschaft bildete, werden durch die Tätigkeit stark in den Hintergrund abgedrängt; die Ökonomie der aufs Handeln angelegten Seele duldet nicht ein längeres Verweilen bei ihnen, gestattet kein schwächendes Niedertauchen zu den Tiefen, in denen die Wurzeln für alles Wirken ruhn. Die Zeit des Werdens, der gemeinsamen Ich-Erweiterung ist eben ein für allemal vorüber und Leben und Handeln vollziehen sich immer mehr in getrennten Bereichen.

Zwei Richtungen der Männerfreundschaft lassen sich im wesentlichen unterscheiden. Die Beziehung gestaltet sich am höchsten, wenn ihren erregenden Mittelpunkt gegenseitige Förderung des Schaffens bildet. Das Verhältnis greift dann unmittelbar in das tätige Leben ein, und ein ewig frischer Lufthauch strömt ihm zu. Es verwirklicht sich vorzüglich zwischen Männern, deren Handeln auf die Entwicklung ihrer typischen Anlagen abzielt, die unablässig ins Allgemeine streben und in Gebieten heimisch sind, die man sich nur mit dem Einsatz des ganzen Wesens zu eigen machen kann. Künstler und Vollmenschen aller Art kommen hier in Betracht. Ihr Dasein bedarf einer breiten Grundlage und viele innere Quellen müssen lebendig fließen, um es zu ermöglichen, während bei den meisten Menschen die geistigen Bedürfnisse nach und nach von ihrer Sondertätigkeit aufgesogen werden, bis das Allgemeine schließlich zum wesenlosen Schatten herabsinkt. In den Briefen zwischen Schiller und Goethe tritt uns eine solche hohe Schaffensfreundschaft entgegen.

Vertraute Jugendbeziehungen pflegen häufig im Mannesalter eine Form anzunehmen, die man als Feiertagsfreundschaft bezeichnen kann. Man ist infolge verschiedener Schicksale auseinandergekommen, wirkt in verschiedenen Berufen und führt ein getrenntes Vordergrundsleben, in das der Freund wenig oder gar nicht eingreift. Der unmittelbare Einfluß der Menschen auf einander ist gering und demgemäß verschiebt sich auch der Schwerpunkt ihres Verhältnisses. Man sucht in ihm Erholung, Erbauung, Loslösung vom Alltag, will ein vom Leben oft unterdrücktes Bedürfnis nach Wärme in ihm befriedigen. Zu eigentlich fördernden und großen Erlebnissen führt diese Richtung der Freundschaft selten mehr. Gemeinsames Genießen alles dessen, was die Welt bietet, freies, ungehindertes Plaudern, Erörterung der typischen Standpunkte, lässiges Sichgehenlassen auch in den kleinen Schwächen, Austausch der Erinnerungen bildet ihren Hauptinhalt. Was den Bund unzertrennlich macht, ist nicht die Zukunft, sondern die gemeinsame Vergangenheit. Jeder der Freunde trägt sie als teures Besitztum im Herzen. Immer aufs neue drängt sie sich in die Gegenwart ein und durchzittert und belebt die Menschen während ihres Zusammenseins. So liegen denn diesem Verhältnis vorwiegend Gemütsbedürfnisse zugrunde; sie umhüllen wohltätig das wirkliche Wesen der Menschen, das oft den wahren Anforderungen nicht mehr unbedingt entsprechen mag. – Beide Richtungen der Mannesfreundschaft fließen naturgemäß meist in einander über.

Besonderer Art sind die Freundschaftsbeziehungen zwischen *Mann* und *Jüngling*, überhaupt zwischen Menschen sehr ungleichen Alters. Auch hier gefühlsmäßige Zuneigung, teilweise Übereinstimmung der Typen notwendiges Erfordernis! Für das Seelenleben jedes der Befreundeten hat das Verhältnis eine verschiedene Bedeutung, zum wenigsten beruht es auf gemeinsamem Wachstum und dem Glück gleichen Strebens. Der in Entwicklung begriffene Jüngling sucht beim Freund Bestätigung seiner Pläne, seines geistigen Wesens. Er lehnt sich an den Älteren an, auch wo er widerspricht, sein noch nicht eingedämmtes Innere empfindet es als wohltätig, festen Grenzen zu begegnen. Mehr oder weniger in sich befangen, hat er kein eigentliches Urteil über das Verhältnis. Er spricht sich aus, äußert seine Gesinnungen in langen Monologen, ohne eine gleiche Wesenshingabe von dem Manne verlangen zu können und zu wollen; er rückt sich selber in den Mittelpunkt und nimmt oft, wo er zu geben glaubt, schenkt, wo er fordert. Die Scham verbietet ihm, sich über den Älteren allzubewußt zu werden.

Der Mann dagegen überschaut das Verhältnis. Sein Alter allein verleiht ihm schon größere Lebensreife. Er hat typische Erfahrungen hinter sich, die dem Jüngeren noch bevorstehen, sieht Grenzen und Erfüllungen, wo der andere noch unbestimmte Möglichkeiten ahnt. Bewußt oder unbewußt wird der ältere Freund zum Erzieher. Das Glück, einen Menschen zu formen, sein Bestes in die werdende Seele einzusenken, bildet oft einen unnennbaren Reiz für ihn. Seine Würde legt ihm Zurückhaltung auf. Er kann sich dem Jüngeren nicht unbedenklich offenbaren, nicht ohne weiteres sein Gemüt erleichtern. So bleibt sein Persönlichstes verhüllt. Und doch ist auch er ein Nehmender. Vor allen Dingen verhindert die Freundschaft mit dem Jüngling die jedem Manne drohende Erstarrung der Kräfte. Das ewige Drängen der Jugend nach Prinzipien, ihr Streben nach Auseinandersetzung mit der Welt und den großen allgemeinen Fragen, ihr unbefangeneres Schauen, ihre Wärme und Unmittelbarkeit: dieses ganze Ausschwärmen der sich entwickelnden Seele von dem Boden ihrer typischen Möglichkeiten aus, es teilt sich dem Manne mit, hält seinen Geist, sein Gemüt lebendig, befreit ihn aus den Fesseln des Tages und führt ihn immer wieder zu seinen inneren Quellen, zu dem Mittelpunkt seines eigenen Wesens zurück. Wie zur Reife des jungen Menschen Einengung notwendig ist, Opferung des Geahnten an das Wirkliche, Hingabe an ein bestimmtes Tun, so gehört es umgekehrt zur Reife des Mannes, Abstand von seinem beschränkten Tagewerk einhalten zu können und in Stellungnahmen zu allen Grundfragen des Daseins seinen Typus rein auszuwirken. Ihre Freundschaft gibt beiden das Fehlende.

Dieses Verhältnis tritt aber selten in seiner möglichen Vollkommenheit ein, denn es wird meist durch andere Beziehungen, wie der des Schülers zum Lehrer, des Jüngers zum Meister verwischt und ist einer Reihe von Hemmungen unterworfen. Die ungleichen Altersstufen können sich nur schwer verstehen, außerdem erzeugt der Abstand an Jahren eine starke Scham, die keine unbefangene Annäherung gestattet. Das Respektgefühl verschließt oft dem Jüngling den Mund; er zieht sich zurück und verbirgt sich. Auch erdrückt ihn wohl die Überlegenheit des Mannes. Dieser seinerseits steht leicht dem Vorgang der seelischen Entfaltung mit allen seinen Überschwenglichkeiten und Selbstbespiegelungen fremd gegenüber. Besonders ausgeprägt ist im Verkehr zwischen verschiedenen Altersstufen die geschlechtliche Scham. Beide Teile scheuen Aussprachen über ihre erotischen Erlebnisse.

Was die freundschaftlichen Beziehungen zwischen *Mann* und *Frau* anbetrifft, so steht auf Grund der von uns gewonnenen Einsichten zunächst ganz allgemein fest, daß überall, wo der Geschlechtstrieb sich vordrängt und damit die Phantasie und die gesamte geistige Haltung bestimmt, die Freundschaft zu einem, wenn auch mitunter starken, Begleitgefühl herabgemindert wird, das von dem Wurzelgefühl abhängig ist und erst von ihm genährt wird. Zweifelsohne ist dies die weitaus häufigste seelische Lagerung im Verkehr der Geschlechter. Die jede Freundschaft notwendig begleitende liebevolle Zuneigung steigert sich eben meist zum sinnlichen Verlangen und vertreibt dann das reine Freundschaftsgefühl aus dem Mittelpunkt an die Oberfläche des Wesens. Trotzdem gibt es eine Reihe von Verhältnissen, in denen die Sinnlichkeit zum mindesten nicht überwiegt. So bilden sich z. B. manche Verbindungen zwischen Jünglingen und älteren Frauen zu Freundschaften aus. Der werdende Mann findet bei einer ihm an Welt- und Seelenkenntnis überlegenen Frau ein Entgegenkommen für die Verworrenheiten und Stürme seines Innern, wie er es so bei Männern meist vergeblich suchen würde. Eröffnet er diesen mehr seine geistigen Bestrebungen, seine dauernden typischen Gesinnungen, so macht er die befreundete Frau zur vertrauten

Mitwisserin seiner sinnlichen, gegenwärtigen Persönlichkeit, erschließt ihr seine bewegte Seele mit allen ihren Wünschen, Einfällen, Freuden und Bedrängnissen, Träumen und Hoffnungen. Bei der Frau sind die Gefühle gewöhnlich mannigfacher. Das Bewußtsein des Altersunterschiedes, des Entsagenmüssens dämpft die Sinnlichkeit ihrer Zuneigung und mischt ihr etwas Mütterliches bei. Durch eine zart umschleierte Wärme erregt, entzündet sich ihr seelisches Leben an dem des Jünglings, sie erwacht, indem sie auf ihn eingeht, selber zu einem neuen Dasein. Manches Gefühlte wird zum Gedanken, manches Unbewußte zur bewußten Regung und ihre Existenz gewinnt durch das Verhältnis einen unvergleichlichen Reiz.

Es kommt auch zwischen jungen, gleichaltrigen Menschen verschiedenen Geschlechts mitunter zu Beziehungen, die infolge stark empfundener und gepflegter seelischer Übereinstimmung freundschaftlich zu nennen sind, während gleichzeitig die natürliche sinnliche Zuneigung aus irgend welchen äußeren oder inneren Gründen zu einem Begleitgefühl herabgemildert wird. Diese Verhältnisse sind vielleicht gegen die Vergangenheit im Zunehmen begriffen, weil immer mehr Frauen durch Beruf und Studium einen sachlichen, vom rein erotischen Gefühlsleben losgelösten Inhalt empfangen, was für die Verselbständigung ihrer Seele und damit für ihre Freundschaftsfähigkeit von nicht zu unterschätzendem Wert ist. Es läßt sich nicht leugnen, daß alle derartigen Verbindungen sich in labilem Gleichgewicht befinden. Sie wecken die Zärtlichkeit, rufen leicht sinnliche Regungen hervor und gehen dann schließlich nach mehrfachem Schwanken auch seelisch in reine Liebe über, wenn nicht Hemmungen von besonderer Widerstandskraft vorhanden sind. Des reizvollen Pendelns halber von einer Form zur andern möchte man solche Verhältnisse als Freundschaftslieben bezeichnen. – Erwähnt seien hier noch jene wenigen reifen und süßen Freundschaften, die sich auf vergangene Liebe gründen.

Eine mittlere Freundschaft von eigenartiger Prägung ist die *Gemütsfreundschaft.* In ihr bildet überwiegend die rein gefühlsmäßige Zuneigung das Band zwischen den Menschen; geistige Gemeinschaft dagegen besteht nur in geringem Maß. Das Verhältnis tritt häufig zwischen Frauen ein; auch die bereits erwähnte, aus früher Jugendvertrautheit in das Alter hinübergerettete Freundschaft zwischen Männern wird am Ende mehr oder minder von Gemüsbedürfnissen unterhalten. Die schwerste dieser Verbindung drohende Gefahr ist Mangel an geistiger Nahrung. Gewohnheit erstickt das lebendige Blühen, und die immer noch verbleibende Anhänglichkeit der Gemüter ist wohl von eigentlicher Freundschaft zu unterscheiden.

Die Freundschaftsfähigkeit ist, wie aus unseren Darlegungen hervorgeht, an das Vorhandensein des Persönlichkeitsbewußtseins geknüpft. Auch wo dieses besteht, schwanken naturgemäß die Grade der Empfänglichkeit für das Verhältnis je nach der sonstigen Veranlagung der Menschen. In dem Leben körperlich und seelisch stark erotisch gearteter Persönlichkeiten nimmt die Freundschaft gewöhnlich nur geringen Raum ein. Ihre geistigen Bedürfnisse werden durchweg in ihren Liebesverbindungen befriedigt, zu denen ihre ganze Verfassung sie immer von neuem drängt. Hier geben sie ihr volles Wesen hin, während sie in andere menschliche Verhältnisse nicht leicht dieselbe Geschlossenheit hineinzutragen vermögen.

Wiederum gibt es Menschen, die von vornherein wie geschaffen für die Freundschaft sind. Sie finden in ihr ein höheres Glück, als je eine Liebesbeziehung ihnen gewähren könnte. Das Bedürfnis nach dem Austausch der ganzen Persönlichkeiten, nach gemeinsamem Ausbau der typischen Anlagen ist allbeherrschend in ihnen und gestaltet ihre Seele. – Nietzsche war eine solche Freundschaftsnatur.

Besondere Aufmerksamkeit beansprucht der Typus des *Werkmenschen,* der sich sowohl der Liebe wie der Freundschaft verschließt. Als Persönlichkeit besitzt er die Fähigkeit zur geschlossenen Entäußerung seines Wesens, aber anstatt sich den Menschen hinzugeben und von ihnen zu empfangen, schenkt er sich ganz den ihn erfüllenden Ideen. Unablässig strebt seine Seele zu ihnen hin, unablässig ringt er nach ihrer Gestaltung. Das zu schaffende Werk saugt ihn auf, beansprucht alle seine Kräfte; und er empfände es als Verrat, wenn er sich ihm entziehen wollte, um die Süßigkeit des Ausströmens von Seele zu Seele zu genießen. Sein Dämon heißt ihn sich bewahren und damit auf die innigen menschlichen Verhältnisse, auf alle Unmittelbarkeit verzichten, wie sie zwischen Wesen von Fleisch und Blut besteht. Was in ihm glüht, gibt er seiner Schöpfung; ihr lebt er, ihr opfert er sich. Begierden und Leidenschaften, seine ganze Vergänglichkeit, macht er ihr untertan, die unvergänglich sein soll. Da aber auch er ein Mensch ist, der Sehnsucht nach anderen Menschen empfindet, der Liebe fühlt und untertauchen, sich der flüchtigen Stunde anheimgeben möchte, so muß er oft tief darunter leiden, daß sein Werk ihm Fesseln anlegt und ihn hindert, sich in den menschlichen Wechselreigen als Gleicher unter Gleichen einzureihen. Immer wieder kommen Zeiten, in denen das Ziel dem inneren Blick entschwindet und er sich nicht zur Höhe der ihm möglichen Leistung aufschwingen kann. Dann wird er in die Nacht, in die Leere zurückgeworfen, seine Einsamkeit quält ihn und er ist ärmer als die andern, die, weil sie nicht unter der Last alles fordernder Ideen leben, doch reicher an unmittelbarer Daseinsfülle sind. Die Verzweiflung mag ihn wohl anpacken und er stürzt sich kopfüber in das ihm verbotene Leben, geht Verbindungen ein, in denen er seine Seele preisgibt, um sie wieder zurückzuziehen, wenn das Werk sich von neuem seiner bemächtigt. Die Einsamkeit ist sein Schicksal, aber er weiß es oft nicht und wird verbittert, wenn die Menschen seine Liebe nicht in gleichem Maße erwidern. Und doch ist dieses spröde Verhalten so natürlich, denn die Menschen fühlen, daß er ihnen trotz aller plötzlichen, stürmischen Hingabe nur halb angehört, sie wollen nicht nur nehmen, sondern auch geben, und sind eifersüchtig auf die Ideen, an die er unsichtbar gekettet ist. So gewähren sie ihm wohl Gastfreundschaft, aber niemals Heimatsrecht in ihrer Seele. Wir besitzen erschütternde Bekenntnisse dieser Leiden von Männern, die ihrer inneren Bestimmung gemäß leben mußten: so von Beethoven und Michelangelo; und wo sie ihre Qualen nicht ausgesprochen haben, da ahnen wir sie doch oft. – Hat sich einmal die Schöpfung aus der Seele losgerungen, dann tritt wohl eine Entspannung ein. Und es dünkt uns sehr tief geschaut von Gobineau, wenn er in seiner Dichtung »Die Renaissance«(6) den dem Zwange seines Werkes entrückten alten Michelangelo milder und zugänglicher werden, ihn erst in den Greisenjahren die Muße, zu loben und zu lieben, finden läßt.

Das zeugende Gespräch

Für alle nicht im Glauben lebenden Menschen, die von der unersättlichen Begierde nach absoluter Gewißheit ergriffen sind, ist das auf die letzten Dinge ausgerichtete Gespräch ein Vorgang, der jedenfalls immer eine wichtige Etappe ihres Weges bezeichnet. Nicht wie die Unterredung zwischen dogmatisch gebundenen Menschen dient es der wechselseitigen Versicherung und Entfaltung feststehender Glaubenssätze, nicht wie die Unterweisung wird es geführt und getragen von der einen Person des Lehrers, der sein Wissen direkt oder indirekt dem Schüler weitergibt – es ist vielmehr das zur *Suche* und Hebung der »Wahrheit« gemeinsam unternommene Werk von Menschen, die aus dem Stande des Nichtwissens heraus verlangen. Soll es jene Innerlichkeit und Ausschließlichkeit annehmen, die durch die Aufgabe selber geboten ist, so wird es sich wohl oder übel als *Dialog* vollziehen müssen, als Zwiesprache, die von dem Einzelnen an den Einzelnen ergeht. Denn wo mehr als zwei Menschen beisammen sind, überwuchert alsbald – von bestimmten Ausnahmefällen abgesehen – die Peripherie, und Spannkräfte entwikkeln sich, die das elastische Vordringen zum unbekannten Ziele verhindern.

Gesetzt also, zwei Menschen, beide einander ungefähr das Gleichgewicht haltend, beide in gleicher Weise gebend und nehmend, wie es sich für ein richtiges Gespräch gehört – gesetzt, zwei so geartete Menschen ziehen zusammen aus, um die Wahrheit zu finden. Aus allen Bezirken, die sie gemeinsam durchschweifen, steigen Fragen auf, von denen aus sie sich zu den allein wesentlichen Grundfragen vorarbeiten können. Jeder Punkt ist als Ansatzpunkt geeignet, von überall her führen radial zulaufende Straßen dem verborgenen Zentrum zu.

Zunächst mag es den Beiden so scheinen, als sei das gesuchte »Absolute« etwas Objektives, das sich wie irgend ein mathematischer Ausdruck errechnen und beweisen läßt, etwas ein für allemal Gültiges, das von jedermann auf dieselbe Weise erkannt werden muß, gleichviel, wie immer man sich zu ihm verhält. Träfe diese Annahme zu, wäre also das Absolute lediglich ein Gegenstand des *Wissens*, so hätte das Gespräch als Gespräch genau genommen, keinerlei Bedeutung. Allenfalls verdankte man ihm eine gewisse Erleichterung, eine Abkürzung des Wegs, aber man verdankte ihm sicherlich nichts Wesentliches, nichts, was vielleicht nur durch seine Hilfe zu erreichen wäre. So lehrreich die Unterredung auch sein könnte, an ihrem Ende stünde notwendig ein fixiertes »Was«, an Hand der Tatsachen ließe sich schließlich eindeutig ausmachen, wer recht, wer unrecht hätte, und die Beiden trennten sich dann, ohne eigentlich zusammen gewesen zu sein. Sie wären sich transparent, sie benötigten einander nicht im mindesten, um das Absolute zu gewinnen, da dieses als objektive Gegebenheit ja unbeweglich wie ein Fixstern über ihren Häuptern verharrte, ohne sich irgendwie um ihre Existenz zu kümmern.

Nach und nach erst verfliegt der Schein, daß bloßer Wissensdrang so ohne weiteres schon dem Ziele nahebringe, daß das Absolute etwas sei, von dem es heißen dürfe: »Das ist schwarz« oder »Das ist weiß«. Denn was geschieht? Was muß einmal im Laufe des als reine Erkenntnishandlung begonnenen Gesprächs geschehen? Die beiden geraten in einen *Widerspruch.* Ein Widerspruch, der vorerst unauflösbar scheint, bedroht an dieser Stelle den Fortgang ihres Gesprächs. Sie haben sich vielleicht über den Begriff des Schönen zu einigen gesucht oder sich gar in die Erörterung eines religiösen Problems verstrickt und bemerken mit einem Male, vermutlich sehr zu ihrer eigenen Überraschung, daß die letzten Gewißheiten, bis zu denen vorzustoßen sie überhaupt fähig sind, sich fremd und offenbar unversöhnlich gegenüberstehen. Und, was das Schlimmste ist: weder die eine noch die andere Überzeugung kann »bewiesen« werden, es fehlt vielmehr an einer übergeordneten Instanz, die objektiv angäbe, wie nun das Absolute an sich beschaffen sei. Dieser Widerspruch bedeutet natürlich keineswegs, daß das Absolute sich nicht doch als Eines erweise, er besagt nur, oder braucht doch nur zu besagen, daß es in irgend einer Beziehung zu dem Wesen des Menschen steht, und daß dieses Wesen, das als konkretes Wesen ja mannigfach bedingt ist, das verschleierte Bild zu Sais vielleicht nicht zu entschleiern vermag.

Der Punkt, an dem die beiden Wißbegierigen inne werden, daß es sich bei der Suche nach der Wahrheit nicht um einen Feldzug der bloßen Erkenntnis, um die exakte Auflösung einer mathematischen Gleichung handelt, ist ein ausgezeichneter Punkt der Gesprächskurve. Hier angelangt, prallt das Gespräch wie an einer unsichtbaren Mauer zurück und seine gradlinige Weiterführung wird unmöglich, denn die Beiden entdecken einander jetzt als *Gestalt*, als konkrete Wesen von eigentümlicher Beschaffenheit – vorausgesetzt, daß sie nicht, an ihrem ursprünglichen Vorhaben verzweifelnd, in das Bloß-Seiende herabstürzen und fortan nur den unwesentlichen Dingen sich zuwenden.

»Wer bist Du eigentlich, mit dem ich da rede?« das ist die Frage, die sich immer drängender ihrer bemächtigt. Wäre der erste Gefechtsgang des Gesprächs nicht (notwendig) *remis* geblieben, es hätte dieser Kehrtwendung nicht bedurft; so aber muß schon, soll das Gespräch nicht überhaupt abbrechen, die früher unbeachtete Gestalt selber in das Blickfeld treten und zum Gegenstand der Reflexion werden. Man tastet sich ab und bemüht sich, die beiderseitigen Seinsgründe aufzuschürfen, um die *Quelle* jenes unlöslichen Widerspruchs der Überzeugungen freizulegen, denen man vorher als naiver Bekenner oder ohnmächtiger Neinsager gegenüberstand. Indem man sich derart als schlechterdings unüberwindliche Gestalt erfährt, als Wesen, das da ist und nicht einfach beiseite geschoben werden kann, lernt man zugleich begreifen, daß die letzten Gewißheiten der Menschen in dieses ihr Wesen eingebunden sind, daß die Art, in der ihnen das Absolute entgegentritt, abhängt von der Beschaffenheit ihres untilgbaren Seins.

Wie aber stellt den Beiden ihre Gestalt sich dar?

Nun, die zwei Gestalten entzünden sich aneinander, die eine dient der anderen gleichsam als Hintergrund und Folie, hebt sich rein inbezug auf sie aus ihrer Verschwommenheit heraus. Und zwar wird der unlösbare sachliche Widerspruch jetzt zu einem Gegensatz der Wesen ausgeweitet, das vorherige Auseinanderklaffen der Erkenntnis vertieft sich zur Polarität des Seins. Diese Abhebung soll die Undurchdringlichkeit der Gestalten eindrucksvoll bezeugen und symbolisch zur Geltung bringen, daß das Absolute nicht erreicht werden kann, es sei denn mit dem Einsatz des ganzen gesamtmenschlichen Wesens.

Haben die Beiden sich einmal in ihrer Bedeutung als existierende Menschen begriffen, so wird das Gespräch als Gespräch unendlich wichtig, die Suche nach der Wahrheit wird dann zu einem *Ringen der Gestalten*. Der zweite, der eigentlich entscheidende Gefechtsgang des Gesprächs beginnt. Nicht mehr, wie zu Anfang, sieht man an der Gestalt und ihrer Bedingtheit vorbei, nicht mehr auch lenkt man den Blick ab auf das Wesen selber, das im Wege stand und darum zu durchleuchten war – man zieht vielmehr jetzt in das Gespräch Sache und Wesen zusammen hinein, der *ganze* Mensch tritt jetzt in Aktion. Wären die Beiden als Gestalten abgeschlossen und unverrückbar, so hätte das Gespräch mit der Erfassung ihrer Gestalten sein Ende, Wesen befände sich starr dem Wesen gegenüber und die Suche nach der Wahrheit klänge zuletzt in eine resignierende ästhetische Würdigung der Wesen aus. Das heißt, die Unterredung erschöpfte sich darin, daß die zwei Gesprächsteilnehmer bei der Anschauung ihres vorgefundenen Seins verharrten, und liefe sich derart ebenso tot wie durch das vorherige Streben nach seinsfremder Erkenntnis. Diese Möglichkeit scheidet aber aus, da Beide ja im Nichtwissen stehen, und darum noch nicht so fixiert sind, daß ihr Sein sich nicht öffnen und erweitern, nicht voller als bisher dem Absoluten entgegenwachsen könnte. Statt daß das Gespräch im Ästhetischen versandet, wirkt vielmehr der empfundene Widerstand der Gestalten als Stachel, der vorantreibt dem verborgenen Ziele zu.

In dieser Phase wird das Gespräch zum Entscheidungskampf, zur Auseinandersetzung und Ineinanderfügung der vollen Gestalten. Auch jetzt mag noch (oder wieder) vom Begriff des Schönen und des Religiösen die Rede sein, aber der Wahn von früher ist vorbei, als handle es sich bei derlei Aussagen lediglich um wesensgleichgültige Bestimmungen. Die Existenz in ihrer ganzen Breite wird nun mitgenommen, und es kommt zu Akten *geistiger Zeugung*, deren Ergebnisse weder dem einen noch dem anderen allein angehören, sondern die Frucht gemeinsamen Ringens sind. Gleichviel, welches diese Ergebnisse sind: ob sachliche Übereinstimmungen, ob nur ein Einklang in der Beurteilung noch vorhandener Differenzen – ihre Bedeutung besteht darin, daß sie einer in Gemeinschaft vollzogenen *Wandlung* der Existenzen entstammen. Keiner von Beiden geht mehr aus dem Gespräch so hervor, wie er in das Gespräch hineingegangen ist, es geschieht etwas an Beiden im Gespräch, und seine Früchte sind aus solchem Geschehen, aus solcher *existentiellen Verbundenheit* heraus gezeugt. Kraft der Verbundenheit wird das bisherige Definitivum der Gestalten aufgehoben, die Gesprächshandlung wird zum Zusammen-Leben, und Beide rücken, sich gegenseitig Geburtshelfer-Dienste leistend, durcheinander in ihrer Existenz vor. Das gibt dem Gespräch den Vorrang vor dem einseitigen Dialog mit einem *Buch:* Das Buch ist fertig, es wandelt sich nicht mit, während man es liest; der Mensch aber, mit dem ich in Wirklichkeit rede, wird in den gleichen existentiellen Prozeß verwickelt wie ich, wir ringen leibhaftig miteinander und kommen dadurch gemeinsam vom Fleck.

Der Höhepunkt dieses Gesprächs, die Zeugung, ist erreicht, wenn die Gestalten, die polar auseinander getreten waren, mit ihrem Sein nun so zusammenklingen, daß gleichsam ein neues Sein heranreift, das beider Sein umfaßt und in sich hegt, und wenn aus ihm, dem neuen Sein, dann Einsichten erblühen, die keiner vorher so hätte empfangen können. Daß die so gewonnenen Einsichten ihr Dasein dem realen Bund zweier in polarem Gegensatz befindlichen Gestalten verdanken, bezeugt nur nochmals nachdrücklich ihr In-Beziehung-Stehen zu dem Wesen, zu dem gemehrten Wesen der miteinander Verbündeten.

Freilich, man wird kaum annehmen dürfen, daß diese Gipfelpunkte des Gesprächs schon etwas Letztes und Endgültiges für die beiden Menschen bedeuteten. Wäre dem so, das Gespräch müßte unmittelbar bis zum Absoluten selber herantragen, und es ist doch wohl nur eine Etappe des wer weiß wie langen Weges zu ihm hin. Die in ihm erfahrene – in der Verbundenheit erfahrene – Gestalt des Andern, das durch gemeinsamen Wandel der Existenz Errungene wirkt nun, den Dialog überdauernd, in den *Monolog* hinein, den jeder der beiden auf das Absolute ausgerichteten Einzelnen fort und fort führt.

Das Gespräch, das diesen Monolog entscheidend vorwärts treibt, hat an dem Wesen der Beiden mitgebaut, es ist wahre Zeugung insofern gewesen, als es in den Beiden Keime zur Entfaltung gebracht hat, die ohne den zeugenden Akt nicht erweckt worden wären, da eben nur durch das Auftauchen der anderen Gestalt, durch das Ringen mit ihr und durch die Verbindung mit ihr zur entscheidenden geistigen Handlung die gewalttätige, oft bitter schmerzhafte Sprengung des alten Daseinsringes überhaupt möglich war. Jedoch, so mag man immer noch fragen, was bedeutet es angesichts des *Absoluten,* daß solche Wandlung vor sich gegangen ist? Wenn die Ergreifung des Absoluten von der Beschaffenheit des Wesens abhängt, so kann es nicht gleichgültig sein, wie der Mensch vor die letzten Fragen tritt. Gerade dieses »Wie« aber erfährt im Gespräch Formung; indem der eine die Gestalt des andern erleidet und leiden macht, wird das Wesen eines jeden aufgeschlossen, weiter gespannt als bisher und derart die Herstellung des vollen Kontaktes mit dem Absoluten erst richtig vorbereitet.

Nur vorbereitet: denn das Gespräch vermag den auf

das Absolute hinzielenden Monolog nicht zu ersetzen, in dem der Reigen aller der Gestalten fortlebt, mit denen gemeinsam man einmal existiert hat. Dieser stets gegenwärtige Chor symbolisiert die Menschen in ihrer Verbundenheit, und jeder, der Dialoge geführt hat, wie sie angesichts des Absoluten geführt zu werden verlangen, wandert schließlich in der Begleitung einer ganzen Schar von unsichtbaren Gefährten seine einsame Straße dahin, ewige Zwiesprache mit den geisterhaften Gesellen pflegend, solange er sich im Stande des Nichtwissens befindet. In ihrer Gesamtheit aber erweitern die in den Monolog hinübergenommenen, fortan in ihn eingeflochtenen Dialoge die Existenz bis zu ihrer äußersten Grenze, und aus den entscheidenden Beziehungen, die sie zu allen anderen Existenzen stiften, erwächst zuletzt die eigene Gestalt, bis zum Rande gesättigt und erfüllt, existierend so voll und breit, wie einer nur existieren kann. Wie lange der Monolog sich hinziehen muß, damit das Eine Absolute endlich erreicht werde, ob nicht der Monolog vielleicht schon vor dem Ziele zum Stillstand kommt: das läßt sich wahrscheinlich nicht so einfach sagen. Möglich wäre es immerhin, daß erst das Ergriffensein vom Glauben hinter die Spannung auch noch des vollsten Existierens das letzte Punktum setzte.

Gelangt das Gespräch mit der gemeinsamen Zeugung auf seinen Gipfel, so ist es doch mit ihr nicht zu Ende. Vielmehr drängen die Beiden danach, das zusammen Gefundene im Reich der Gestaltungen zu bewähren und zu erproben, hinab von dem Gipfel drängt es sie, zur Bestätigung des Erkannten, in das Konkrete, Sichtbare und Nächstliegende. Vertraut durchwandert man nun die Welt der Menschen und Dinge, verweilt beruhigt hier und dort, und alle Urteile entspringen jenem dritten, erweiterten Sein, auf das die Beiden den gleichen Rechtsanspruch haben. Ein stetes *An- und Abschwellen* ist so das Gespräch: ein Anschwellen, das kein Ende hat, weil das definitive Verhältnis zum Absoluten sich im Dialog ja überhaupt nicht erzielen läßt, und ein Abschwellen, das ebenfalls kein Ende hat, weil die Beiden als Gestalten sich immer wieder unter die Gestaltungen der Welt mischen müssen, und das Verharren im Gestalteten ihnen immer wieder zum quälenden Stachel für ihr Emporsteigen über jedwede vorläufige Begrenztheit wird.

Und nun das Letzte noch, das dieses Gespräch vor allen anderen Gesprächen auszeichnet, ihm eine wundersame Färbung verleihend, die selbst das flüchtigste Wort zart grundiert. Trotz des gemeinsamen Wandels im Existentiellen kommt es doch nicht zur völligen Verschmelzung der beiden Wesen, etwas Ungelöstes, Unvereinbares bleibt zwischen ihnen aufgerichtet: Kennzeichen der Bedingtheit, in der Beide vor dem Absoluten stehen. Drohend starrt dieses Trennende noch in ihre Verbundenheit hinein und schwände wohl erst am Ende, wenn der Eingang in das Absolute wirklich vollzogen wäre. *Liebe* allein vermag zu überbrücken, was so in der Gestalt geschieden bleibt. Sie, die Liebe der im Bedingten Verweilenden ist, bindet Wesen an Wesen und heißt die Geschöpfe auch dort einander dulden und miteinander leben, wo das Verstehen aufhört und gemeinsame Erkenntnis unmöglich wird. Wie Tiere scheu sich angesichts einer großen Gefahr zusammendrängen, stumm und ungelöst, so wieder und wieder die Menschen, die zusammen ausziehen, die Wahrheit zu suchen. Der Liebe, die nach oben strebt, gesellt sich dann still die Liebe zu, die in dem Umfangen der Gestalt ihre Seligkeit findet, weil das Letzte versagt ist und Demut sich geziemt. In dieser Liebe wurzelt jene ein wenig schwermütige und sehr wissende Ironie, mit der die Beiden den Auf- und Niedergang ihres Gesprächs begleiten, jener gedämpfte Zynismus, mit dem sie sich in die Niederungen des Nur-Menschlichen vorwagen, um nur ja Teil zu haben an sämtlichen Äußerungen ihrer Existenz. Höchster Ausdruck solcher Liebe aber ist das *Schweigen*, das nach dem Erreichen der Gipfelpunkte des Gesprächs mitunter sich einzustellen pflegt – das Schweigen, das im Grunde alles besagt: die Verbundenheit im Angesicht der letzten Dinge, das Noch-nicht-Gefunden-haben und die nicht zu tilgende Ungelöstheit – das alles dies besagt und nun nichts anderes mehr kennt als das wortlose Umschließen der ganzen Gestalt.

Editorische Notiz

Über die Freundschaft

1. Über die Freundschaft. In: *Logos.* Internationale Zeitschrift für Philosophie der Kultur, Bd. VII (1917/18), Heft 2, S. 182–208.
2. Gedanken über Freundschaft. In: *Gabe Herrn Rabbiner Dr. Nobel zum 50. Geburtstag dargebracht von Martin Buber et. al.* Frankfurt/M. 5682 [1921], S. 24–39.

Das zeugende Gespräch

In: *Frankfurter Zeitung* v. 30. März 1923.

Die beiden Texte »Über die Freundschaft« wurden von Kracauer in eins konzipiert, jedoch getrennt veröffentlicht. Um die intendierte Einheit der ersten beiden Texte wieder herzustellen, wurde der Schlußsatz »Über die Freundschaft«, a.a.O., S. 208, der kommende »Gedanken über Freundschaft« in Aussicht stellt, hier gestrichen: »Von den typischen Phasen in dem Verlauf der Entwicklung eines jeden Freundschaftsverhältnisses wie von den verschiedenen Arten der Freundschaft wird noch besonders zu reden sein.« Zum Titel der »Gedanken« merkte der Verfasser, a.a.O., S. 24, an: »Der Aufsatz bildet den Schlussteil einer Abhandlung, deren erster Teil unter dem Titel: ›Über die Freundschaft‹ in der philosophischen Zeitschrift: ›Logos‹, Band VII, 1917/18, Heft 2, erschienen ist.«

Die Zitate aus Goethes Werken wurden hier korrigiert und anhand der *Sophien-Ausgabe*, Weimar 1887–1919 (Sigle WA), nachgewiesen. Der Lautstand ist, wo er wie in »Abhülfe« (Gedanken über Freundschaft, S. 24) veraltet scheint, dem modernen angeglichen.

1 An Schiller, 5. Mai 1798. WA, IV, 13. Bd., S. 137.

2 A. d. H.: Beginn der 7. Strophe von »Trost in Thränen«, WA, 1. Bd., S. 87.

3 WA, IV, 24. Bd., S. 175.

4 »Dichtung und Wahrheit« III, 14. WA, 28. Bd., S. 290.

5 WA, IV, 24. Bd., S. 175.

6 A.d.H.: Arthur Graf Gobineau, *Die Renaissance*. Übertragung von Bernhard Jolles. Leipzig: Insel 1918, S. 366–374.

Nachwort

I

Wo die Bindung an die Polis schwindet, nimmt das Denken über Freundschaft zu. Ein Individuum, das seine eigene Insularität erfuhr, versucht, sich im Freund als Stellvertreter der Gemeinschaft, der es den halben Rücken kehrt, einen wenngleich engeren Weg zur Soziabilität zu bahnen. Das Individuum, nun unterwegs zum gesellschaftlichen Wesen, wird mitteilsam, teilbar und erweitert sich; tritt aus dem Schatten des Einen ins Licht des Anderen, um zu gleichen Teilen beide zu bewahren. Orest und Pylades sind ein Ideal; vom Misanthrop Timon herab zum Allerweltsfreund Alkibiades die Extreme: Einsamkeit und Kollektiv. »Wo die Gesellschaft zweifelhaft geworden, tauchte gleichzeitig mit dem Wunschbild Einsamkeit das der Freundschaft auf: nicht als Flucht, sondern als Ersatz der Gesellschaft, als ihre bessere Gartenform« (Ernst Bloch).

Aristoteles definierte Freundschaft als Tugend, daher ihre Abhandlung in seiner *Nikomachischen Ethik* legitim sei. Die private Form der Freundschaft *ist* die öffentliche der Gemeinschaft, wie entsprechend reziprok. In der Tyrannis gibt es wenig oder keine Freundschaft, die auf Freiheit wie Gleichheit beruhen muß: »So trinken denn die einen miteinander, die anderen würfeln, andere jagen oder philosophieren zusammen. Und jedesmal sind sie in dem beisammen, was sie im Leben am meisten schätzen.« Platons *Lysis* ist ein Dialog über die Freundschaft – die allem Gold des Dareios vorzuziehen sei. Das sophistische Geplänkel kommt zu dem Schluß: »Was aber ein Freund sei, hätten wir noch nicht vermocht auszufinden.« Ciceros *Laelius* erklärt die Freundschaft als allen Bürgern notwendig wie unausweichlich und stellt ihr Wesen als »Übereinstimmung in allen göttlichen und menschlichen Dingen, verbunden mit Wohlwollen und Zuneigung« fest.

Montaigne spätestens ist die Gesellschaft zweifelhaft geworden. In seinen *Essais*, die alle Theorie mit Sorgfalt aussparen, handelt er weniger »Von der Freundschaft«, als der eigenen Erfahrung einer Freundschaft, »fern vom gewöhnlichen Weltlauf«, die kein anderes Urbild als sich selbst hatte. Fortan wird das Thema zum klassischen Vorwurf der Essayistik bis zu Emerson. Lordkanzler Francis Bacon, wie ein leibhaftiger Polonius mit allen Wassern der Staatskunst gewaschen, verteilt in Fragen Freundschaft Ratschläge zum Zweckbündnis, denn ohne Freunde sei die Welt nur Wildnis. Dies die Ansicht auch der Moralistik, deren Vertreter falsche Freunde decouvrieren wie wahre Freundschaft definieren, die nach Vauvenargues Essay »De l'amitié« aus unserer Unzulänglichkeit entsteht und an jener der Freundschaft selbst zuschanden geht.

In Deutschland ergießt sich zu galanter Zeit ein Freundschaftskult, der homerischen Helden und Schäfergespielen in einem Arkadien, das in seiner Briefkultur abgesteckt wird, nachempfindet. Matthias Claudius räsoniert in seinem Essay »Von der Freundschaft« im Ton der affektierten Schlichtheit über deren Formen. Das Denken über Freundschaft reißt ab, das Fühlen greift in Lyrik und in Briefen Platz. Gewiß bleiben die Gedanken der Philosophen, Splitter, verstreute Stellen, Aphorismen von Schopenhauer, Nietzsche oder Burckhardt. Aber das Thema wird nicht mehr abgehandelt, als Essay gefaßt. Zur Entstehungszeit umwälzender Weltideen hat die reflektierte Form der Freundschaft in den Hintergrund zu treten. Die Monade der Privatheit wird gering geachtet. Der Versuch des Polygraphen Gleichen-Rußwurm, die Geschichte der Freundschaft zu geben, bleibt als einfühlsame Paraphrase unzulänglich; die Soziologie der Freundschaft zu schreiben, steht noch aus.

2

Siegfried Kracauers Untersuchung – Konstruktion einer Idealtypologie – zieht gleichsam eine Summe der erwähnten Muster und Formen der Freundschaft. Schon der Eingang entdeckt das Ungelöste im Begriff, die Inkongruenz von Phänomen und Materie. Sein Verfahren ist weniger als essayistisch, induktiv zu beschreiben, sondern als diskursiv, deduktiv. Der Freundschaft verwandte Beziehungen werden nicht ausgeklammert, aber abgegrenzt. Kameradschaft, Fachgenossenschaft und Bekanntschaft sind zum Zweck der propädeutischen Fixierung knapp behandelt. So weit die Vorstufen, die nur je eine partikulare Seite der Bezugspersonen ansprechen. Die Freundschaft allein – allenfalls die Liebe als »durchgeistigte Sinnenliebe« – sei die »Umfassung des ganzen Wesens.« Kracauers Insistieren auf dem ganzen Leben, der ganzen Seele des Menschen ist platonisch tingiert, schreibt sich aus Dialogen wie *Lysis* wie *Symposion* her, die um die Aufhebung der entzweiten, zerrissenen Natur des Menschen kraft der Liebe und der Freundschaft kreisen. Die Typisierung der Bezugspersonen scheidet nach dem Maß an Persönlichkeitsbewußtsein, dem erstens das »Beisichselbstverweilen« und zweitens ein »Kern zum Ankristallisieren« zueigen sind. Nicht zuletzt anhand der Zitate ist ein Einfluß Goethes aufzuzeigen; im Auskonstruieren der Idealtypologie selbst nimmt Kracauer vielfältig Bezug auf die Modellbeziehung Goethe-Schiller. Das »Beisichselbstverweilen« dürfte hieraus abzuleiten sein. Die Idee der Kristallisation fußt auf Stendhals Theorie »De l'amour« (II,5), auf die in Kracauers Abhandlung *Über das Wesen der Persönlichkeit* explizit verwiesen wird. Nach Definition, Kausalität »wahrhafter, idealer« Freundschaft der Übergang zur Modalität, schließlich die Wirkungen, deren positive unverhohlen die idealistische Position des Verfassers zu diesem Zeitpunkt kundtun, deren negative im Lichte des zurückgebliebenen Individuums zu mild gesehen werden. Soll Freundschaft auf vereinter Entwicklung typischer Möglichkeiten einer Gesinnungs- und Idealgemeinschaft beruhen, so wäre deren Beschränkung auf »freie, unabhängige Menschen« allerdings nicht human.

Die »Gedanken über Freundschaft« sehen von der damaligen Zerrissenheit der ökonomischen und sozialen Verhältnisse ab, um den Blick in einen vorgeblichen Freiraum nach innen zu kehren. Hier treibt das »edle Seelengewächs der Freundschaft« als »bessere Gartenform der Gesellschaft« (Bloch) seltene Blüten. Diese »Gedanken« dienen als Beschreibung einzelner Phasen und Modi der Freundschaft, der Zeiten der Trennung, des späten Wiedersehens, ihrer Auflösung. Die Verhältnisse wiederum werden mit Sorgfalt in typische Möglichkeiten: von der »Feiertagsfreundschaft« herab zur »Gemütsfreundschaft« zerlegt. Der Schluß, eine Freundschaftsfähigkeit dem »Werkmenschen« – genialen Künstlern – abzusprechen, beruft sich auf ein Werk von Gobineau, das Kracauer zwar tief geschaut dünkt, dessen zutiefst reaktionäre Kurzsichtigkeit jedoch über die realhistorischen Verhältnisse hinwegtäuscht.
»Das zeugende Gespräch«, im Umkreis der »Gedanken über Freundschaft« entworfen, handelt von einem zentralen Aspekt: nicht der Unterredung, noch der Unterweisung, sondern der Zwiesprache, dem auf die letzten Dinge ausgerichteten Gespräch. Widerspruch, Entdeckung, Freilegung der Erkenntnisse markieren die Phasen der Gesprächskurve. Akt geistiger Zeugung ist die Wandlung der involvierten Existenzen, das Produkt der Interaktion wie folgt definiert: »Indem der eine die Gestalt des andern erleidet und leiden macht, wird das Wesen eines jeden aufgeschlossen.« Der Dialog als Gespräch über die vorletzten Dinge mündet in den Monolog, den

noch bleibt etwas »Ungelöstes, Unvereinbares« als der Einzelne angesichts der letzten Dinge führt. Den Kennzeichen der Bedingtheit vor dem Absoluten: das Konkrete, Sichtbare und Nächstliegende. Frappierend, wie bruchlos diese frühen Gedanken in die posthum publizierte Geschichtsphilosophie Kracauers eingingen, die Geschichte als einen Bereich vorläufiger Einsicht in die letzten Dinge vor den letzten charakterisiert.

Das Denken über Freundschaft findet sich in den scheinbar so disparaten Werken Kracauers auch dargestellt; so in den Figuren Ginster und Georg seiner gleichnamigen Romane. Ginster erörtert mit Otto, dem Freund, nicht von ungefähr platonische Dialoge, und der Eros, der Georg in Verhältnis zu seinem Schüler Fred leitet, ist nach platonischem Maß als pädagogisch zu werten. In sein Werk *Geschichte* schließlich schmuggelte Kracauer eine autobiographische Bemerkung zur nachhaltigen Wirkung einer erfahrenen Freundschaft ein: »Ein längst entfallenes Wort könnte den Geist des Menschen verändert haben, dem es einst galt. Ich wurde tief beeinflußt durch eine beiläufige Bemerkung, die ein Freund von mir vor zwei oder drei Jahrzehnten machte: seine Bemerkung veränderte meinen Umgang mit Leuten und auch meine ganze Lebensansicht.«

3

Von der eingangs erwähnten Schwerfälligkeit, sich sprachlich den Falten der Wirklichkeit anzuschmiegen, zeigt Kracauers Sprache keine Spur. Stetig und schmucklos, ohne Überrumpelung, entfaltet sie ihre Gedanken aus einer gegebenen Situation, um deren Zwischenräume aufzudecken. Und dort verbirgt sich genuine Erfahrung mehr als ideales Postulat. Restlos geht sein Dargestelltes in die Darstellung ein, liegt die Prozessualität seines Verfahrens zutage. Der Leser gewinnt Einblick und wird in den Stand gesetzt, den Fortgang des Gedankens zu begleiten.

Die Kongruenz von Entwurf und Erfahrung erweist sich nicht zuletzt in Kracauers eigener Existenz. Denn seine Freunde waren jene Fachgenossen, die, ihm darin gleich, viele Fächer hatten, und Bekannte hatte er in allen seinen Sparten wie Ländern des Exils. So kannte Kracauer Soziologen und Philosophen wie G. Simmel, W. Benjamin, E. Bloch und Th. W. Adorno; die Schriftsteller J. Roth, H. Kesten, E. E. Noth, A. Malraux; Musiker und Maler wie E. Krenek und H. Richter; die Cinéasten H. Langlois, P. Rotha und R. Arnheim. Resultat dieser Sympathien und Symbiosen wäre seine intellektuelle Biographie, die fürs erste nur vage zu umreißen ist.

An den hier vorgelegten Texten, die vor gut fünfzig Jahren geschrieben wurden, beweist sich jenes Wort des Freundes und Kollegen P. O. Kristeller in der Vorrede zu Kracauers *Geschichte* (1968): »Die Kraft seines Stils spiegelt die seines Denkens, und je weniger ihm daran lag, seine Worte den vorübergehenden Tagesmoden anzupassen, desto mehr wird er künftigen Lesern zu sagen haben.«

Karsten Witte

Bibliothek Suhrkamp

219 Karl Krolow, Alltägliche Gedichte
220 Max Jacob, Der Würfelbecher. *Prosa*
221 Heinrich Böll, Geschichten aus zwölf Jahren
222 Konstanty Ildefons Gałczyński, Die Grüne Gans
223 Marieluise Fleißer, Abenteuer aus dem Englischen Garten
224 John Fletcher, Die Kunst des Samuel Beckett
225 Max Frisch, Biografie: Ein Spiel
226 Hermann Hesse, Der Steppenwolf
227 Hermann Hesse, Siddhartha
228 Bertolt Brecht, Meti. Buch der Wendungen
229 Thomas Bernhard, Verstörung. *Roman*
230 Marcel Proust, Pastiches. Die Lemoine-Affäre
231 Marie Luise Kaschnitz, Vogel Rock. *Unheimliche Geschichten*
232 Walter Benjamin, Über Literatur
233 Alexander Mitscherlich, Die Idee des Friedens und die menschliche Aggressivität. *Vier Versuche*
234 Ernst Bloch, Die Kunst, Schiller zu sprechen
235 Marcel Jouhandeau, Pariser Bilder
236 Theodor W. Adorno, Minima Moralia
237 Andor Endre Gelléri, B. und andere Prosa
238 Wladimir W. Majakowskij, Liebesbriefe an Lilja
239 Marcel Proust, Briefwechsel mit der Mutter
240 James Joyce, Giacomo Joyce
242 Bertolt Brecht, Politische Schriften
243 Thomas Mann, Schriften zur Politik
244 Hermann Hesse, Politische Betrachtungen
245 Hermann Broch, Gedanken zur Politik
246 Alexander Mitscherlich, Versuch, die Welt besser zu bestehen
247 Ödön von Horváth, Geschichten aus dem Wiener Wald
249 Wsewolod Iwanow, Panzerzug 14–69
250 Ludwig Wittgenstein, Über Gewißheit
251 Walter Benjamin, Berliner Chronik
252 Hans Kudszus, Jaworte, Neinworte
253 James Joyce, Anna Livia Plurabelle
254 Samuel Beckett, Residua
255 Peter Weiss, Trotzki im Exil
256 Bertolt Brecht, Die Bibel
257 Walter Benjamin, Baudelaire, Gedichte

258 Konrad Bayer, Der Kopf des Vitus Bering
260 Theodor W. Adorno, Über Walter Benjamin
261 Max Frisch, Tagebuch 1946–1949
262 Karl Krolow, Nichts weiter als Leben
263 Gershom Scholem, Judaica 2
264 Paul Celan, Ausgewählte Gedichte
265 Jürgen Habermas, Philosophisch-politische Profile
266 Wiesław Brudziński, Die rote Katz
267 Marcel Proust, Eine Liebe von Swann
269 H. C. Artmann, Von denen Husaren
270 Hans Erich Nossack, Dem unbekannten Sieger
271 Pierre Jean Jouve, Paulina 1880
272 Thomas Bernhard, Midland in Stilfs
273 Yasushi Inoue, Der Stierkampf
274 Juri Kasakow, Larifari
275 Robert Minder, Wozu Literatur?
276 Nelly Sachs, Verzauberung
277 Samuel Beckett, Premier amour · Erste Liebe
278 Gertrude Stein, Erzählen
279 Ezra Pound, Wort und Weise, ›motz el son‹
280 James Joyce, Briefe an Nora
281 Wolfgang Hildesheimer, Zeiten in Cornwall
282 Andrej Platonov, Die Baugrube
283 Jaroslav Hašek, Die Partei des maßvollen Fortschritts
284 Hans Mayer, Brecht in der Geschichte
285 Ödön von Horváth, Von Spießern, Kleinbürgern und Angestellten
286 André Maurois, Auf den Spuren von Marcel Proust
287 Bertolt Brecht, Über Klassiker
288 Jiří Kolář, Das sprechende Bild
289 Alfred Döblin, Die beiden Freundinnen und ihr Giftmord
290 Alexander Block, Der Sturz des Zarenreichs
292 Ludwig Hohl, Nächtlicher Weg
293 Djuna Barnes, Nachtgewächs
294 Paul Valéry, Windstriche
295 Bernard Shaw, Die heilige Johanna
296 Hermann Kasack, Die Stadt hinter dem Strom
297 Peter Weiss, Hölderlin
298 Henri Michaux, Turbulenz im Unendlichen
299 Boris Pasternak, Initialen der Leidenschaft
300 Hermann Hesse, Mein Glaube
301 Italo Svevo, Ein Mann wird älter

302 Siegfried Kracauer, Über die Freundschaft
303 Samuel Beckett, Le dépeupleur. Der Verwaiser
305 Ramón José Sender, Der König und die Königin
306 Hermann Broch, James Joyce und die Gegenwart
307 Sigmund Freud, Briefe
309 Bernard Shaw, Handbuch des Revolutionärs
310 Adolf Nowaczyński, Der schwarze Kauz
311 Donald Barthelme, City Life
312 Günter Eich, Gesammelte Maulwürfe
313 James Joyce, Kritische Schriften
314 Oscar Wilde, Das Bildnis des Dorian Gray
315 Tschingis Aitmatov, Dshamilja
316 Ödön von Horváth, Kasimir und Karoline
317 Thomas Bernhard, Der Ignorant und der Wahnsinnige
318 Princesse Bibesco, Begegnung mit Marcel Proust
319 John Millington Synge, Die Aran-Inseln
320 Bernard Shaw, Der Aufstand gegen die Ehe
321 Henry James, Die Tortur
322 Edward Bond, Lear
323 Ludwig Hohl, Vom Erreichbaren und vom Unerreichbaren
324 Alexander Solschenizyn, Matrjonas Hof
325 Jerzy Andrzejewski, Appellation
326 Pio Baroja, Shanti Andía, der Ruhelose
327 Samuel Beckett, Mercier und Camier
328 Mircea Eliade, Auf der Mântuleasa-Straße
329 Hermann Hesse, Kurgast
330 Peter Szondi, Celan-Studien
331 Hans Erich Nossack, Spätestens im November
332 Wenjamin Alexandrowitsch Kawerin, Das Ende einer Bande
333 Gershom Scholem, Judaica 3
334 Ricarda Huch, Michael Bakunin und die Anarchie
335 Bertolt Brecht, Svendborger Gedichte
336 Francis Ponge, Im Namen der Dinge
337 Bernard Shaw, Wagner-Brevier
338 James Joyce, Stephen der Held
339 Zbigniew Herbert, Im Vaterland der Mythen
341 Nathalie Sarraute, Tropismen
342 Hermann Hesse, Stufen
343 Rainer Maria Rilke, Malte Laurids Brigge
344 Hermann Hesse, Glück
345 Peter Huchel, Gedichte

346 Adolf Portman, Vom Lebendigen
347 Ingeborg Bachmann, Gier
348 Knut Hamsun, Mysterien
349 Boris Pasternak, Schwarzer Pokal
350 James Joyce, Ein Porträt des Künstlers
351 Franz Kafka, Die Verwandlung
352 Hans-Georg Gadamer, Wer bin Ich und wer bist Du?
353 Hermann Hesse, Eigensinn
354 Wladimir W. Majakowskij, Ich
356 Werner Kraft, Spiegelung der Jugend
357 Edouard Roditi, Dialoge über Kunst
358 Miguel Angel Asturias, Legenden aus Guatemala
359 Bernard Shaw, Der Kaiser von Amerika
360 Bohumil Hrabal, Moritaten und Legenden
361 Ödön von Horváth, Glaube Liebe Hoffnung
362 Jean Piaget, Weisheit und Illusionen der Philosophie
363 Richard Hughes, Ein Sturmwind über Jamaika
365 Wolfgang Hildesheimer, Tynset
366 Stanislaw Lem, Robotermärchen
367 Hans Mayer, Goethe
368 Günter Eich, Gedichte
369 Hermann Hesse, Iris
370 Paul Valéry, Eupalinos
371 Paul Ludwig Landsberg, Die Erfahrung des Todes
372 Rainer Maria Rilke, Der Brief des jungen Arbeiters
373 Albert Camus, Ziel eines Lebens
375 Marieluise Fleißer, Ein Pfund Orangen
376 Thomas Bernhard, Die Jagdgesellschaft
377 Bruno Schulz, Die Zimtläden
378 Roland Barthes, Die Lust am Text
379 Joachim Ritter, Subjektivität
381 Stephan Hermlin, Der Leutnant Yorck von Wartenburg
382 Erhart Kästner, Zeltbuch von Tumilat
383 Yasunari Kawabata, Träume im Kristall
384 Zbigniew Herbert, Inschrift
385 Hermann Broch, Hofmannsthal und seine Zeit
386 Joseph Conrad, Jugend
388 Ernst Bloch, Erbschaft dieser Zeit
389 Thomas Mann, Leiden und Größe der Meister
390 Viktor Šklovskij, Sentimentale Reise
391 Horkheimer, Die gesellschaftliche Funktion der Philosophie